€20,15

Questa pubblicazione è stata realizzata
in occasione della mostra
Yinka Shonibare "Be-Muse"
a cura di Elena di Majo e Cristiana Perrella
Museo Hendrik Christian Andersen
Roma 5 dicembre 2001 – 3 marzo 2002

La mostra è stata prodotta dal
Ministero per i Beni e le Attività Culturali,
Direzione Generale per l'Architettura e l'Arte Contemporanee,
Centro Nazionale per le Arti Contemporanee, e da
The British School at Rome, Gallery Programme

con il generoso supporto di:

e con il contributo di:

Si ringraziano:
Patricia Kohl e Stephen Friedman,
Stephen Friedman Gallery, Londra;
Lorenza Bolelli, Carla Malavasi,
Monica Pignatti Morano, Direzione
Generale per l'Architettura e l'Arte
Contemporanee; Geraldine Wellington
e Katherine Wallis, The British School
at Rome.

Un ringraziamento particolare a
Paolo Colombo,
curatore del Centro Nazionale per le
Arti Contemporanee.

Coordinamento tecnico scientifico:
Elena di Majo, Maria Vittoria Marini Clarelli, Cristiana Perrella

Assistente curatrice:
Valentina Bruschi

Ufficio Stampa:
Alessandra Santerini

Assistenti all'Ufficio Stampa:
Laura D'Angelo e Francesco Demofonti

Ufficio Registrazioni:
Giovanna Coltelli

Realizzazione Allestimento:
Sandro Dell'Orco, Almetrio Evangelista, Felice Tangredi,
Veraldo Urbinati, Franco Veltri. Ditta Basili

Progetto Catalogo:
Cristiana Perrella

Progetto Grafico:
Riccardo Gemma

Traduzioni:
Simon Turner, Steve Piccolo,
Barbara Casavecchia, Fabio Paracchini

Referenze fotografiche:
Ahlburg Keate Photography, Stephen White,
Archivio del Museo H. C. Andersen

MINISTERO PER I BENI E LE ATTIVITÀ CULTURALI
DIREZIONE GENERALE PER L'ARCHITETTURA E L'ARTE CONTEMPORANEE

CENTRO NAZIONALE PER LE ARTI CONTEMPORANEE • THE BRITISH SCHOOL AT ROME

YINKA SHONIBARE
BE-MUSE

a cura di Elena di Majo e Cristiana Perrella

SOPRINTENDENZA SPECIALE ALLA
GALLERIA NAZIONALE D'ARTE MODERNA E CONTEMPORANEA

MUSEO HENDRIK CHRISTIAN ANDERSEN
ROMA

4

L'Italia è da sempre un luogo di incontri d'arte che attraversano lo spazio e il tempo. La mostra di Yinka Shonibare al Museo Andersen nasce da uno di questi incontri e dalle molte, curiose coincidenze che lo hanno reso possibile. Yinka Shonibare scopre Hendrik Christian Andersen quando viene invitato a Roma a visitare la sua casa-museo per un progetto di mostra. E qui cominciano le coincidenze. L'artista di oggi e quello di ieri condividono la doppia nazionalità - britannico di origine nigeriana l'uno, americano di origine norvegese l'altro - che colloca entrambi a un crocevia culturale. Condividono anche il mito tipicamente europeo del dandy, che entrambi reinterpretano da un'angolazione non europea. Così Shonibare decide di inserire Andersen nella galleria dei suoi personaggi, dedicando due nuove opere agli incontri chiave della vita dello scultore che hanno avuto come teatro Roma, primo tra tutti quello con Henry James.

L'idea prende corpo grazie alla collaborazione fra il Ministero per i Beni e le Attività Culturali e la British School at Rome, in un momento che vede entrambe le istituzioni impegnate a favore dell'arte contemporanea. L'Accademia ha avviato da tre anni un programma che promuove la produzione di opere ispirate a Roma da parte di artisti britannici. Il Ministero ha da poco acquisito la competenza sull'architettura e l'arte contemporanea, si è dotato di una specifica direzione generale e sta costruendo a Roma il Centro Nazionale per le Arti Contemporanee, progettato da un architetto che ha, di nuovo, una doppia nazionalità: l'anglo-irachena Zaha Hadid. Ed ecco un'altra coincidenza: Yinka Shonibare partecipa alla giuria del Premio per la Giovane Arte Italiana, l'evento che inaugura il Centro nella sede temporanea di via Guido Reni. A volerlo fra i giurati è Sandra Pinto, soprintendente alla Galleria Nazionale d'Arte Moderna che, insieme a Elena di Majo, direttrice del Museo Andersen, ha scoperto l'arte di Shonibare visitando una sua mostra personale a Oslo. Proprio in quella Norvegia da cui inizia la storia della famiglia di Andersen. A questo punto non stupisce che, per tutt'altre vie, anche Cristiana Perrella, curatrice del programma espositivo della British School at Rome, avesse pensato a Shonibare per la commissione di un'opera da eseguire a Roma.

Qui il cerchio delle coincidenze si chiude e comincia la mostra.

Pio Baldi

Direttore generale per l'architettura e l'arte contemporanee

Italy has always been a meeting place for art, spanning both time and space. The Yinka Shonibare exhibition at the Andersen Museum arose out of one of these chance meetings and many curious coincidences which ended up by making it possible. Yinka Shonibare discovered Hendrik Christian Andersen when he was invited to Rome to visit his museum-home for an exhibition project. And this is where the coincidences began. Both today's artist and yesterday's have or had dual nationality - one British of Nigerian origin, the other American of Norwegian origin - placing both of them at a cultural crossroads. They also share the typically European legend of the dandy, which they both reinterpret from a non-European angle. Shonibare thus decided to include Andersen in his gallery of characters, dedicating two new works to the key meetings in the life of the sculptor which had Rome as their backdrop. The most significant was with Henry James.

The idea took shape through the collaboration between the Italian Ministry of Culture and the British School at Rome, both of which are committed to fostering contemporary art. Three years ago, the Accademia launched a programme to promote the production of works by British artists inspired by Rome. The Ministry has recently become the authority for architecture and contemporary art, it has created a special governing body and is currently creating a national centre for contemporary art in Rome - the Centro Nazionale per le Arti Contemporanee. This too has been designed by a dual-nationality architect, the Anglo-Iraqi Zaha Hadid.

And there is another coincidence here: Yinka Shonibare was a member of the jury for the young Italian artists' award, the Premio per la Giovane Arte Italiana, the event inaugurating the temporary premises of the Centro in Via Guido Reni. He had been invited by Sandra Pinto, superintendent of the Galleria Nazionale d'Arte Moderna who, together with Elena di Majo, director of the Andersen Museum, discovered Shonibare's art during a visit to a solo exhibition of his in Oslo. And it was in Norway where the whole story of Andersen started. So it hardly comes as a surprise that, by a totally different route, Cristiana Perrella, curator of the exhibition programme of the British School at Rome, should have thought of Shonibare for commissioning a work to be made in Rome.

At this point, the circle of coincidences is complete and the exhibition can begin.

Pio Baldi
Director General for Architecture and Contemporary Art

La mostra di Yinka Shonibare rispecchia perfettamente lo scopo principale del Gallery Programme di The British School at Rome, che è quello di facilitare il dialogo creativo e la nascita di nuove connessioni tra artisti, curatori, gallerie e musei di Italia e Gran Bretagna.

Di frequente la nostra attività si è svolta in collaborazione con altre istituzioni, a Roma, in Italia e all'estero, in forma di coproduzioni, scambi o mostre itineranti. In questa occasione ci fa particolarmente piacere e ci sentiamo onorati di aver collaborato con la nuova Direzione Generale per l'Architettura e l'Arte Contemporanee del Ministero per i Beni e le Attività Culturali, per realizzare la prima personale di Yinka Shonibare in Italia.

Le opere di Shonibare implicano il confronto critico con i molteplici strati della cultura contemporanea, attraverso l'esplorazione di problematiche urgenti quali l'identità, l'alterità, il postcolonialismo. Il suo lavoro, estremamente significativo nel panorama dell'arte inglese, è uno strumento importante per comprendere come la molteplicità culturale faccia profondamente parte della Gran Bretagna d'oggi.

Siamo orgogliosi di aver avuto la fortuna di produrre per questo evento l'opera "Henry James (1843-1916) and Hendrik C. Andersen (1872-1940)", come parte del nostro progetto "Viva Roma", fiore all'occhiello del Gallery Programme curato da Cristiana Perrella. Questo progetto, che consiste nel commissionare ad artisti britannici un'opera ispirata a storie, luoghi o personaggi legati alla città eterna, conta a oggi, oltre all'installazione di Shonibare, altre tre opere straordinarie: il film di 35 minuti di Cerith Wyn Evan dedicato a Pasolini, il video "Threshold to the Kingdom" di Mark Wallinger, ispirato ai pellegrinaggi del Giubileo e "52 Spaces" del musicista e performer Scanner, un'opera sonora che prende spunto dal film "L'eclisse" di Antonioni.

Ci auguriamo in futuro di poter sviluppare nuovi progetti emozionanti come questi, continuando a stimolare gli artisti a confrontarsi con la complessità e il fascino di una città straordinaria quale è Roma.

Andrew Wallace-Hadrill
Direttore della British School di Roma

Yinka Shonibare's exhibition reflects a central aim of The British School at Rome's Gallery Programme, to facilitate creative dialogue and build up new connections between artists, curators, galleries and institutions of Italy and Great Britain.

Frequently our activities have been developed in collaboration with other institutions, in Rome, in Italy and abroad, often undertaken as co-productions, exchanges, or touring exhibitions. On this occasion, we are especially pleased and honoured to have collaborated with the Italian Ministry of Culture, Directorate General for Architecture and Art, for the first ever solo show of Yinka Shonibare's work in Italy.

Shonibare's diverse practice involves the exploration of a range of concepts - of identity, class, race, the "other", colonialism - tackling critically the many and varied layers of contemporary culture. Moreover, he has made a significant contribution to the visual arts in Britain over the recent years and his work is a fundamental key to the understanding of the UK as a nation that embraces its cultural plurality.

We are particularly proud to have had the chance to commission and produce for this event Yinka Shonibare's installation portraying the artist Hendrik Christian Andersen and the writer, Henry James, as part of our project "Viva Roma". This project, in which British artists are commissioned to produce a new work inspired by stories and influences connected to Rome, is the "feather in the cap" of our Gallery Programme, curated by Cristiana Perrella. The success of this is the result of networking with many other creative and productive entities in the city, which help us to bring these artists' projects to fruition. "Viva Roma" counts, to date, apart from Shonibare's installation, other three exciting projects: Cerith Wyn Evan's 35mm film dedicated to Pasolini; Mark Wallinger's video work "Threshold to the Kingdom", inspired by Jubileum pilgrimages; and Scanner's "52 Spaces", an audio-piece based on Antonioni's film "L'eclisse". We hope to have the opportunity to further develop this project in the future, continuing to commission the work of British artists at the cutting edge of contemporary and international artistic practice, by inviting them to engage with the complexities and the fascination of a city like Rome.

Andrew Wallace-Hadrill
Director, The British School at Rome

Be-Muse. Tra Mimesi e Alterità

Cristiana Perrella

Sorprendere e ispirare, lasciare senza parole e suggerire, confondere e al tempo stesso illuminare: con il suo significato ambivalente, quasi un ossimoro, "be-muse"[1], il titolo scelto da Yinka Shonibare per questa mostra, è un termine perfetto per introdurre al suo lavoro, seducente e destabilizzante. Un lavoro che, come ha osservato Okwui Enwezor, "si beffa della ragione, prima ponendola a suo agio con le proprie contraddizioni, la propria innocenza e ignoranza, poi ridimensionando di colpo questi sentimenti"[2].

Nato a Londra nel 1962, Shonibare cresce in Nigeria, paese di origine della sua famiglia, mantenendo, grazie a viaggi abituali, stretti contatti con l'Inghilterra, dove torna definitivamente a diciassette anni per frequentare le scuole superiori e poi il college, il Goldsmiths a Londra, culla della nuova arte britannica. "È normale per me passare da una cultura all'altra... sono un perfetto ibrido postcoloniale"[3], commenta ironicamente. In transito tra due culture e tuttavia sufficientemente a suo agio con ciascuna di esse da poter giocare efficacemente con i rispettivi stereotipi, Shonibare, già nei suoi primi lavori, assume come punto di partenza una strategia di deterritorializzazione, di spiazzamento, facendo convivere elementi apparentemente inconciliabili per dissolvere ogni pretesa, univoca nozione di appartenenza o di identità autentica. "Double Dutch", l'opera esposta nella sua prima mostra personale al Centre 181 a Londra nel 1994, è un esempio già molto riuscito di questo *detournement*. Cinquanta piccole tele, tutte della stessa misura, sono appese su una parete dipinta di rosa brillante, seguendo una rigida griglia geometrica. Sui telai, al posto della consueta tela di lino bianca è stata montata della stoffa stampata a motivi batik, e pennellate di acrilico molto materico ne seguono i disegni, evidenziandoli oppure cancellandoli. Immediatamente attraente e desiderabile - per gli impasti sensuali della pittura, i colori brillanti, i tessuti esotici, le piccole dimensioni delle tele, dipinte anche sui bordi, che invitano a tenerle fra le mani - "Double Dutch" utilizza la seduzione che esercita sullo spettatore per veicolare riflessioni che mirano a destrutturare le forme codificate del pensiero. Dietro la sua apparente semplicità, l'opera gioca, infatti, a far collidere riferimenti alla tradizione modernista della pittura occidentale - Espressionismo Astratto, Pop, Minimalismo, utilizzati come formule svuotate di significato - con elementi appartenenti alla tradizione africana, vera o presunta come i motivi decorativi o i cotoni stampati diffusi in tutta l'area sub-sahariana, evidenziando la natura convenzionale delle gerarchie culturali. Mettendo in scena una sorta di imitazione ironica dell'arte "alta", machista ·e occidentale, realizzata con materiali e segni della cultura "bassa", femminile, africana, ciò che è determinante per Shonibare non è tanto la parodia in sé quanto il vuoto di potere che questa è in grado di provocare, vuoto capace di aprire degli spazi intermedi in cui esplorare forme alternative di soggettività oltre che nuovi significati e possibilità per l'arte.

"Affectionate Men", 1999.

La figura principale attorno a cui Shonibare intende articolare il suo lavoro è infatti quella di un soggetto molteplice, multiculturale, stratificato, da contrapporre all'idea di un'essenza monolitica, definita una volta per tutte, tipica del pensiero occidentale. Un soggetto che potremmo definire "soggetto eccentrico"[4], luogo di un insieme di esperienze complesse e potenzialmente contraddittorie, definito dalla sovrapposizione di variabili come la razza e l'appartenenza etnica ma anche la classe sociale, il genere, lo stile di vita, le preferenze sessuali. Sotto questo profilo, le opere di Shonibare affrontano lo scenario aperto dalla crisi della modernità nei termini di un ripensamento della questione dell'identità e della differenza, in sintonia con le teorie elaborate dal postcolonialismo, dal movimento femminista e dal poststrutturalismo. Shonibare, però, non cade nella trappola dell'eccesso di ideologismo e didascalicità di molta arte politicamente impegnata. L'efficacia dei suoi lavori è affidata a modalità più sottili e sofisticate di penetrazione e sovvertimento come la seduzione, lo humour, la parodia. Offrendone una replica cambiata di segno, Shonibare rovescia le strutture dominanti dall'interno.

Particolarmente significativi, in questo senso, sono i tableaux fotografici, dove l'artista, con una formidabile mescolanza di precisione e ironia, interpreta il personaggio principale nella messa in scena di una serie di metabolizzazioni di figure, caratteri, ambientazioni tratte dall'iconografia artistica e mediatica occidentale. In "Diary of a Victorian Dandy", nato inizialmente nel 1998 come progetto di arte pubblica per la metropolitana londinese, Shonibare usa liberamente Hogarth, e il suo ciclo di dipinti "La carriera di un libertino", come riferimento per ricostruire in modo meticoloso cinque scene che narrano i diversi momenti della giornata di un gentiluomo vittoriano. Nei panni della figura iconoclasta del dandy nero, l'artista troneggia al centro di ogni immagine, magnifico e sprezzante, circondato da uomini e donne in costume che, con espressioni enfatiche e gesti esageratamente teatrali, si mostrano vittime del suo fascino. Reinterpretando la storia dell'arte attraverso la sua performance mime-

"Cha, Cha, Cha", 1997.

tica, Shonibare mette in questione le gerarchie visuali a cui siamo mentalmente abituati, ed emenda la tradizione "alta" della cultura occidentale in cui la figura del nero è praticamente assente, oppure è usata come elemento pittoresco, come "trofeo", sempre comunque in ruoli subalterni, vedi - proprio in Hogarth - il suonatore di tamburello ritratto nella "Cabina del capitano Graham". Non è però lo scambio di ruoli, il ribaltamento della rappresentazione convenzionale, l'unico sabotaggio che Shonibare mette in atto a spese dell'Arte con la A maiuscola, insinuandosi nelle vesti del libertino "alla maniera di Hogarth". La patina commerciale, "glossy", inautentica della messa in scena - che rimanda a film in costume di cassetta - trasforma il soggetto rappresentato in uno stereotipo kitsch, privandolo di ogni aura sacrale e museale, e introducendo allo stesso tempo l'idea che la Storia possa essere altrettanto falsa della finzione.

Molta arte degli ultimi quindici anni ha riciclato in parodia la pratica postmoderna della citazione per portare un attacco all'autorità del Museo, bastione neoclassico della cultura "alta" occidentale e dei valori univoci che essa rappresenta. Gli "History Portraits" di Cindy Sherman, le metamorfosi ibride di Yasumasa Morimura, i "santini" del culto laico e museale di Luigi Ontani, le rivisitazioni più recenti dell'iconografia dell'arte sacra in chiave black e femminista dei "Flipping the Scripts" di Renée Cox, così come i tableaux di Shonibare, praticano la mimesi come strategia politica e intellettuale basata sul potenziale sovversivo della ripetizione differente, per consumare dall'interno le forme di rappresentazione accreditate. Una consunzione-assimilazione del vecchio per generare il nuovo, che passa attraverso l'appropriazione delle strategie e della modalità di rappresentazione mediali, vere artefici dell'immaginario contemporaneo e dei meccanismi di seduzione e desiderio su cui esso si basa.

Come scrive Olu Oguibe: "Shonibare è affascinato dal processo di seduzione, dal potere della finzione e dalla vulnerabilità del desiderio"[5] e tutto questo si traduce spesso nel suo lavoro in un'inclinazione per l'eccesso visivo, per un uso smodato di colori, pattern, bagliori, suggestioni, che si sovrappongono gli uni agli altri, così come gli strati di resine colorate, acrilici, brillantini, palle di sterco e collage si accumulano per comporre le immagini erotiche e funkadeliche di Chris Ofili. Un campionamento fluido, libero, ambiguo e ironico del repertorio Afrokitsch, che nel caso di Shonibare si combina con una buona dose di citazioni del cattivo gusto puramente britannico.

"L'eccesso è il solo mezzo di sovversione legittimo: rifiuta la povertà e la povertà rifiuterà te. L'ibridizzazione è una forma di disobbedienza, una disobbedienza parassitaria rispetto alle specie ospite, una forma eccessiva di libido, è sesso gioioso. L'unica disobbedienza consentita consiste nell'impossibilità di obbedire a tutti, il produrre un oggetto d'arte che, proprio in virtù delle sue stesse ambivalenze, nega ogni nozione di lealtà. Vorrei produrre il fantastico, cerco di raggiungere l'estasi. Desidero ardentemente il godimento, il mio desi-

derio di una bellezza radicale mi provoca un genere di dolore che mi colpisce fino in fondo all'anima"[6].
"The Swing (after Fragonard)", del 2001, è un'opera paradigmatica rispetto a questo *statement* di Shonibare, sensuale, sontuosa, esagerata. Appartiene a quella che potremmo definire un terza tipologia di lavori, accanto alle serie di dipinti e ai tableaux fotografici: le installazioni con manichini a grandezza naturale vestiti in abiti d'epoca perfettamente riprodotti con stoffe a stampe batik, le stesse usate per le piccole tele Comunemente considerate dagli occidentali e dagli stessi neri della diaspora come "originali africane", queste stoffe sono in realtà prodotte in Europa, frutto di passate triangolazioni coloniali tra l'Estremo Oriente, l'Olanda e l'Africa. Usarle per cucire fastosi e sofisticati abiti settecenteschi, come quello della donna ritratta da Fragonard, costituisce un altro di quei paradossi visivi a cui Shonibare affida la sua strategia di deterritorializzazione. L'opera citata, un capolavoro del rococò, pare raffiguri l'amante del committente, uno sconosciuto nobile francese. A ogni modo trasuda piacere e carnalità, culminanti nel gesto malizioso della gamba che lancia in aria la scarpina, scoprendo allo stesso tempo la giarrettiera. Piacere e carnalità che Shonibare riproduce in un tripudio di trine, volant, bagliori d'oro, dettagli come quello di una stoffa il cui motivo ripete il marchio di Chanel (un altro ironico cortocircuito spazio-temporale), anche se la testa mancante della donna sembra ricordare con macabro umorismo che di lì a poco la rivoluzione verrà a interrompere bruscamente la calma di quell'idillio di lusso e voluttà.
In tutte le culture gli abiti rappresentano lo spazio deputato per un complesso circuito di forme d'identità, un involucro che cerca di rendere visibile un sistema di desideri e di aspirazioni, sensoriali e spirituali. Attraverso il modo di vestire si esprime pubblicamente la propria classe sociale, la propria appartenenza etnica, la propria sessualità, ma si dà anche corpo alle proprie fantasie su ciò che si vorrebbe essere, al bisogno di trasgredire i ruoli assegnati. Gli abiti diventano una maschera, una facciata, la fluidità tra segni nel linguaggio dell'abbigliamento rende possibile lo spostamento e la simulazione, la finzione e il travestimento. Iké Udé, un artista nigeriano che vive a New York il cui lavoro affronta, spesso attraverso il medium della moda, i temi dell'identità multipla e della sua rappresentazione, osserva a questo proposito in un'intervista con Okwui Enwezor: "Sostanzialmente qualsiasi 'vero' sé pubblico è un sé mascherato. Assumendo diverse *personae*, diverse maschere, oscillando e svariando tra diversi archetipi nel panorama culturale, l'individuo fa esperienza dell'essere cose diverse in momenti diversi per adattarsi ai propri scopi e al proprio piacere. Non esiste un vero e unico sé. Il sé è un'entità negoziabile, una sorta di transazione"[7]. Gli abiti di Shonibare costituiscono uno schermo ideale per proiettare questa identità negoziabile, polimorfa, in movimento, che rifiuta di esaurirsi nella dicotomia di termini opposti. A questo riguardo è interessante notare come l'artista faccia frequente riferimento, nei titoli dei suoi lavori, a una sessualità ambivalente. "Girl/Boy", del 1998, "Gay Victorians" e "Affectionate Men", entrambi del 1999, suggeriscono la possibilità di giocare con i ruoli sessuali nonostante il contesto vittoriano, fortemente normativo e sessuofobo, evocato dallo stile degli abiti. Un feticcio perfetto, come "Cha, cha, cha", del 1997, un paio di scarpe con i tacchi a spillo, rivestite di stoffa africana e foderate di velluto, sembra invece voler alludere, criticamente, alla ipersessualizzazione delle persone di colore operata dall'immaginario occidentale.
Alla luce di tutto ciò appare chiaro perché Shonibare abbia scelto come suo alter ego, come immagine guida all'interno del suo lavoro, la figura del dandy. Il dandy è il soggetto "eccentrico" per eccellenza, l'irregolare, l'outsider,

la pietra dello scandalo. "L'esteta etnico è permanentemente folle. Direi addirittura che un esteta etnico savio è una tragedia, perché incapace di accedere al privilegio concesso solo ai folli. L'esteta etnico decentrato è il più grande incubo della categorizzazione storica: ciò che è essenzialmente astorico rifiuta costantemente la storia. Un vero esteta degenerato deve oltrepassare i confini, deve camminare su un territorio proibito. Il degenerato etnico deve disobbedire, ma la sua disobbedienza non deve essere mai degenerata, deve restare costantemente dignitosa. Il degenerato etnico deve abbigliarsi per impressionare, il dandismo per il degenerato è tutt'altro che frivolo, è un modo di prendersi la propria libertà. L'esteta etnico deve avere un'eleganza che si impone, perché questo è un affronto allo *status quo*. Il piacere nel vestire è il gesto più assertivo che possa essere fatto dal già degenerato. Un degenerato che presta attenzione all'abbigliamento mette in atto una provocazione imperdonabilmente gloriosa. Come dice Oscar Wilde: "Il dandismo è l'affermazione dell'assoluta modernità della bellezza"[8]. Proprio a Oscar Wilde, e alla sua opera più celebre il *Dorian Gray*, è dedicato il ciclo di tableaux fotografici presentato in questa mostra, e come due dandy sono ritratti Hendrik Christian Andersen ed Henry James, "affectionate men", esteti, artisti, accompagnati dalle loro "tre grazie". Attraverso i loro fantasmi che tornano ad abitare le stanze del museo, Shonibare trasmette ancora una volta l'urgenza di riflettere sul soggetto in maniera diversa, di inventare nuove immagini, nuovi modi di pensare. La scrittrice e poetessa bell hooks ha definito questo tipo di urgenza "yearning", una vera e propria bramosia, un fortissimo desiderio. Un desiderio che è una forma di sensibilità emotiva e politica senza confini di razza, classe, genere o orientamento sessuale e che potrebbe servire - come bell hooks si augura - da "elemento di base per la costruzione di un reale senso di solidarietà e unione"[9].

---

[1] "Be-muse", è un gioco di parole, non riproducibile in italiano, tra il verbo "to bemuse", cioè meravigliare, disorientare, e l'essere musa, il fornire ispirazione a cui lo stesso vocabolo, decostruito, fa riferimento.

[2] OWKUI ENWEZOR, *Tricking the mind. The work of Yinka Shonibare*, in *Dressing Down*, catalogo della mostra, Ikon Gallery, Birmingham 1999, p. 8. Ripubblicato in *Authentic/Ex-centric*, catalogo della mostra, Fondazione Levi, Venezia 2001, p. 214.

[3] YINKA SHONIBARE, *Fabric and the Irony of Authenticity*, in NIKOS PAPASTERGIADIS (a cura di), *Mixed Belongings and Unexpected Destinations: annotations 1*, Institute of International Visual Arts, Londra 1997, p. 40.

[4] Il concetto di "soggetto eccentrico" è mutuato dagli scritti della teorica femminista Teresa de Lauretis, in particolare da *Eccentric Subjects: Feminist Theory and Historical Consciousness*, in "Feminist Studies", XVI, 1990, 1, pp. 115-150.

[5] OLU OGUIBE, *Finding a Place: Nigerian Artists in the Contemporary Art World*, in "Art Journal", Summer 1999, p. 39.

[6] YINKA SHONIBARE, *statement* pubblicato nel pieghevole stampato per la mostra all'Andy Warhol Museum, Pittsburgh, giugno-settembre 2001.

[7] *Between Mask and Fantasy - A Conversation with Iké Udé and Okwui Enwezor*, in MARK H. C. BESSIRE e LAURI FIRSTENBERG (a cura di), *Beyond Decorum, the Photography of Iké Udé*, catalogo della mostra, Institute of Contemporary Art at Maine College of Art, Portland, Maine, febbraio-aprile 2000.

[8] YINKA SHONIBARE, *statement* cit.

[9] BELL HOOKS, *Postmodern Blackness*, in *Yearning: Race, Gender and Cultural Politics*, Between the Lines, Toronto 1990, p. 27.

Be-Muse. Between Mimesis and Alterity
Cristiana Perrella

To surprise and inspire, to leave speechless or to prompt, to confuse while at the same time enlighten: the ambivalence of the near oxymoron "be-muse"[1], the title chosen by Yinka Shonibare for this exhibition, is a perfect term with which to present his seductive, destabilizing work. Work that as Okwui Enwezor has observed "tricks the mind, by first making it comfortable with its own contradiction, innocence, ignorance and then by quickly deflating those sentiments"[2].

Shonibare was born in London in 1962 and grew up in Nigeria, his family's country of origin, while maintaining close contact with England through frequent trips there. His definitive return to London was at the age of seventeen for his higher education, including studies at Goldsmiths College, the cradle of the YBAS. "It is normal for me to swit-ch between cultures... I am a postcolonial hybrid"[3], he remarks ironical-ly. Alternating between two cultures and yet sufficiently at ease in both

Jean-Honoré Fragonard, "The Swing", 1767. The Wallace Collection, Londra.

to be able to effectively manipulate their stereotypes, from his earliest works Shonibare takes a strategy of deter-ritorialization, of disorientation as his starting point, forcing apparently irreconcilable elements to coexist in order to destroy any imagined univocal notion of belonging or authentic identity. "Double Dutch", the work exhibited in his first solo show at Centre 181 in London in 1994, is already a very successful example of this sort of *detournement*. Fifty small canvases, all of the same size, are hung in a rigid geometric grid on a wall painted bright pink. On the frames instead of the usual white linen canvas he stretched fabric printed with batik motifs, applying thick, mate-ric brushstrokes that follow the patterns, highlighting or cancelling them out. With its immediately attractive, desi-rable air - thanks to the sensual texture of the paint, the bright colours, exotic fabrics, the small size of the canva-ses seeming to invite the viewer to hold them in his hands - "Double Dutch" exploits its seductive appeal to con-vey reflections that destructure encoded forms of thought. Behind its apparent simplicity the work triggers colli-sions between references to the modernist tradition of western painting - Abstract Expressionism, Pop, Minimalism, used as formulae emptied of meaning - and elements from a real or presumed African tradition - the decorative motifs, the printed cottons so widespread in the sub-Saharan area actually reached these climes from Europe - attempting to the conventional hierarchies of culture. In staging a sort of ironic imitation of the "high", male-dominated art of the western world using the materials and signs of "low", female-oriented, African culture, the decisive result for Shonibare is not so much to pillory these categories, nor the reiteration of reigning attitudes, but the possibility of creating new, powerful figures of discourse, new terms of historical possibility. In other words, he is not particularly interested in parody for its own sake, but in the void of authority parody is able to reveal, a void capable of opening up intermediate spaces in which to explore alternative forms of subjectivity as well as new meanings and possibilities for art. The main figure around which Shonibare develops his work is, in fact, that of a multiple, multicultural, stratified subject, as opposed to the idea of a monolithic essence defined once and for all, typical of western thought. A subject we might define as an "eccentric subject"[4], the site of an aggregation of com-

"The Swing (after Fragonard)", 2001.

William Hogarth, "La cabina del capitano Graham", c. 1745.
National Maritime Museum, Greenwich.

plex and potentially contradictory experiences characterized by the over-lapping of variables such as race and ethnic identity, but also social class, gender, lifestyle, sexual preferences. From this perspective the works of Shonibare address the scenario presented by the crisis of modernity in terms of a rethinking of the question of identity and difference (seen, I repeat, as one of many facets, not exclusively racial), in keeping with the theories developed by postcolonialism, the women's movement and poststructuralism. Nevertheless Shonibare never falls into the trap of excess ideology, or the facile didactic approach of so much politically committed art. The efficacy of his works lies in the capacity to use more subtle, sophisticated modes of penetration and subversion, such as seduction, humour and parody. Presenting us with a replica whose sign has been changed, Shonibare overthrows the dominant structures from within.

In this sense the photographic *tableaux* are particularly significant. In these, the artist with a formidable mixture of precision and irony, plays the role of the star in a series of metabolizations of figures, characters and settings drawn from occidental art and media imagery. In "Diary of a Victorian Dandy", created initially in 1998 as a public art project for the London Underground, Shonibare makes free use of Hogarth and his cycle of paintings "The Rake's Progress" as a reference with which to meticulously reconstruct five scenes that narrate different moments in the day of a Victorian gentleman. In the guise of the iconoclastic figure of the black dandy, the artist looms magnificent and aloof at the center of each image, surrounded by costumed men and women who betray the fact that they are enthralled by his charisma with emphatic, exaggerated theatrical expressions and gestures. Reinterpreting art history through this mimetic performance, Shonibare challenges the visual hierarchies to which we are accustomed, correcting the "high" tradition of western culture in which the black figure is nearly always absent or used as a picturesque extra or "trophy", and always in subordinate roles, such as the timbrel player depicted by Hogarth in "Captain Graham's Cabin". But role switching and overturning of conventional representation modes are not the only form of sabotage applied by Shonibare at the expense of Art with a capital A, as he clandestinely dons the garb of the libertine "after the manner of Hogarth". The commercial, glossy, fictional patina of the portrayal - reminiscent of successful movies in period costume - transforms the subject represented into a kitsch stereotype, removing any sacred or museum-like aura while insinuating the idea that History can be just as false as fiction.

Much of the art of the last fifteen years has recycled the postmodern practice of citation in the form of parody to attack the authority of the Museum, that neoclassical bastion of "high" occidental culture and the univocal values it represents. The "History Portraits" of Cindy Sherman, the hybrid metamorphoses of Yasumasa Morimura, the "holy images" of the secular, museum-bred cult of Luigi Ontani, the more recent revisitations of sacred art from a black, feminist viewpoint in "Flipping the Scripts" by Renée Cox, like the tableaux of Shonibare, employ imitation as a political and intellectual strategy based on the subversive potential of altered repetition to undermine official forms of representation from within. A consumption-assimilation of the old to generate the new, involving appropriation of the strategies and modes of media representation, the true generators of the contemporary image-bank and the mechanisms of seduction and desire on which it is based. As Olu Oguibe writes: "Shonibare was fascinated by the process of seduction, the power of fiction, and the vulnerability of desire"[5], and all this often takes the form in his work of a bent for visual excess, for unrestrained use of colours, patterns, flashes, evocative atmospheres that overlap one another, almost like the layers of coloured resin, acrylics, glitters, balls of dung and collages accumulated in the erotic, "funkadelic" images of Chris Ofili. A fluid, free, ambiguous sampling of the Afro-kitsch repertoire, which in the case of Shonibare is combined with an ample dose of citations of purely British bad taste.

"Excess is the only legitimate means of subversion, refuse poverty and poverty will refuse you. [...] Hybridization is a form of disobedience, a parasitic disobedience on the host species, an excessive form of libido, it's joyful sex. The only legitimate form of naughtiness is to fail to satisfy all allegiances, to produce an art object that in its very ambivalences denies any notion of loyalty. I wish to produce the fantastic, I strive to reach ecstasy, I crave *jouissance*, my desire for the radical beautiful induces the kind of pain which strikes at the very center of my soul"[6].

"The Swing (after Fragonard)", dated 2001, is a paradigmatic work with respect to Shonibare's declaration; it is sensual, sumptuous, over the top. It belongs to what we might define as a third typological category of works, alongside the series of paintings and the photographic tableaux: installations with life-size mannequins in period dress perfectly reproduced with batik print fabrics, the same fabrics used for the small canvases· Though most westerners and "dispersed" blacks consider them African originals, batiks are actually a European product, the result of past colonial relations connecting the Far East, Holland and Africa. By using them to sew gaudy, sophisticated 18th-century dresses, such as the one worn by the woman painted by Fragonard, Shonibare activates another visual paradox in his strategy of deterritorialization. It appears that the work he cites, a rococo masterpiece, depicts the lover of the unknown French nobleman who commissioned the work. Be that as it may, the painting exudes pleasure and carnality, culminating in the mischievous gesture of a leg tossing a shoe into the air, revealing a garter. Shonibare reproduces this atmosphere of carnal pleasure in a jubilant fanfare of lace, frills, golden glitter, details like a fabric with a Chanel logo pattern (another ironic space-time short circuit), though the fact that the woman's head is missing seems to be a macabre humorous reference to the fact that shortly thereafter the revolution was to rudely interrupt the calm of that idyll of licentious luxury. In all cultures clothing represents the appointed space for a complex circuit of forms of identity, a wrapping that attempts to visually express a system of sensory and spiritual desires and aspirations. Dress is a public expression of social class, ethnic identity, sexual leanings, but it also gives form to personal fantasies of potential and the need to transgress with respect to assigned roles. Clothing becomes a mask, a facade, the fluidity of signs in the language of dress facilitates shifting and simulation, pretending and disguise. Iké Udé, a Nigerian artist who lives in New York whose work addresses, often through the fashion medium, the themes of multiple identity and its representation, has spoken of this dynamic in an interview with Okwui Enwezor: "Essentially any 'true' public self on offer is a masked one. In assuming different personas, different masks, oscillating and varying between alternate archetypes in the cultural landscape, one experiences being different things at different times to suit one's purpose and pleasures. There is no true accountable self. The self is a negotiable entity, a bargain of sorts"[7]. Shonibare's clothes represent an ideal screen on which to project this negotiable, polymorphic identity in movement that refuses to limit itself to the dichotomy of opposing terms. In this sense it is interesting to observe the artist's frequent references, in the titles of the works, to ambivalent sexuality. "Girl/Boy", in 1998, or "Gay Victorians" and "Affectionate Men", both in 1999, suggest the possibility of playing with sexual roles in spite of the restrictive, sex-phobic Victorian context evoked by the style of the garments. A perfect fetish, like "Cha, cha, cha", dated 1997, a pair of shoes with spike heels covered in African cloth and lined with velvet, seems to critically allude to the hypersexualization of people of color that has developed in western imagination and imagery.

In the light of all this it seems clear why Shonibare has selected the figure of the dandy as his alter ego and the guiding image in his work. The dandy is the "eccentric" subject par excellence, the exception, the outsider, the cause of scandal. "The ethnic aesthete is permanently insane, indeed, I would go as far as to argue that a sane ethnic aesthete is a tragedy who has failed to unlock the privilege afforded mad persons only. The decentered ethnic aesthete is the greatest nightmare for historical categorization, the essentially ahistorical refuses history at every turn. A proper degenerate aesthete must trespass, he or she must walk on forbidden territory, the degenerate ethnic must disobey, but that disobedience must never be degenerate, it must remain dignified at every turn. The degenerate ethnic must dress to impress, dandyism for the degenerate is far from being frivolous, it is a way of taking one's freedom. The ethnic aesthete must be regimentally stylish, for it is an affront to the status quo. Pleasure in dress is the most assertive gesture that can be made by the already degenerate. A degenerate who pays attention to dress practices unforgivable glorious defiance. As Oscar Wilde says: "Dandyism is the assertion of the absolute modernity of Beauty"[8]. The cycle of photographic tableaux presented in this exhibition is dedicated precisely to Oscar Wilde and his most famous work, *Dorian Gray*, while Hendrik Christian Andersen and Henry James are depicted as two dandies, "affectionate men", aesthetes, artists, accompanied by their "three graces". Through their phantoms that return to inhabit the rooms of the museum Shonibare once again communicates the urgency of reflecting on the subject in a different way, of inventing new images, new thought modes. The writer and poet bell hooks defines this type of urgency as "yearning". As she argues, this desire is a form of emotional and political sensitivity that knows no borderlines of race, class, gender or sexual preference, and could "serve as a basic element for the construction of a real sense of solidarity and union"[9].

---

[1] "Be-muse" is a word game combining the verb "to bemuse" and the notion of "being a muse".

[2] OWKUI ENWEZOR, *Tricking the mind. The work of Yinka Shonibare*, in *Dressing Down*, catalogue of the exhibition at the Ikon Gallery, Birmingham 1999. Reprinted in *Authentic/Ex-centric*, catalogue of the exhibition at Fondazione Levi, Venice 2001.

[3] YINKA SHONIBARE, *Fabric and the Irony of Authenticity*, in NIKOS PAPASTERGIADIS (ed.), *Mixed Belongings and Unexpected Destinations: annotations 1*, Institute of International Visual Arts, London 1997.

[4] The concept of the "eccentric subject" has been borrowed from the writings of the feminist theorist Teresa de Lauretis, in particular from *Eccentric Subjects: Feminist Theory and Historical Consciousness*, in "Feminist Studies", XVI, 1990, 1, pp. 115-150.

[5] OLU OGUIBE, *Finding a Place: Nigerian Artists in the Contemporary Art World*, in "Art Journal", Summer 1999, p. 39.

[6] YINKA SHONIBARE, statement published in the brochure for the exhibition at the Andy Warhol Museum, Pittsburgh, June-September 2001.

[7] *Between Mask and Fantasy - A Conversation with Iké Udé and Okwui Enwezor*, in MARK H. C. BESSIRE and LAURI FIRSTENBERG (eds.), *Beyond Decorum, the Photography of Iké Udé*, exhibition catalogue, Institute of Contemporary Art at Maine College of Art, Portland, Maine, February-April 2000.

[8] YINKA SHONIBARE, statement cit.

[9] BELL HOOKS, *Postmodern Blackness*, in *Yearning: Race, Gender and Cultural Politics*, Between the Lines, Toronto 1990, p. 27.

"Girl/Boy", 1998.

2 2

Il gioco della cultura
Olu Oguibe

Yinka Shonibare si è fatto notare per la prima volta a metà degli anni novanta, impegnandosi in un'attenta analisi dei linguaggi della metropoli, o, per meglio dire, degli strumenti e delle strategie del suo gioco culturale, e soprattutto di quelle particolari regole del gioco che riguardano il posto e il destino dell'outsider postcoloniale. Consapevole del dibattito critico dell'epoca (il postmoderno, e il suo dar voce alle minoranze), Shonibare ha compreso che per riuscire a inserirsi nel gioco culturale della metropoli aveva ben poche carte a disposizione, poche scelte, poche strade o maschere, e che tutte, inevitabilmente, gli imponevano di sottoporsi a una prova di diversità, e quel che è peggio, di doverla superare.

Nei giorni più duri dell'Inghilterra thatcheriana, quando il nazionalismo conservatore imperava sulla politica e la cultura britanniche, e ogni controtendenza veniva relegata nei corridoi marginali della politica di protesta, il ministro *tory* Enoch Powell scelse come esempio una prova precisa, quella del cricket: l'obiettivo era svelare l'infida lealtà dei postcolonizzati verso la Gran Bretagna, la profonda differenza che precludeva loro ogni rivendicazione nei confronti della Regina e della nazione. L'argomento utilizzato, la dimostrazione finale, stava nel fatto che la loro fedeltà sportiva si rivolgeva altrove. L'occasione è ininfluente - aveva dichiarato Lord Powell - un abitante delle Indie Occidentali (in Inghilterra, un cittadino britannico dei Caraibi e i suoi discendenti vengono ancora chiamati così) tiferà sempre per la squadra delle Indie Occidentali, mai per l'Inghilterra. Questa la prova dell'insanabile differenza. E per una cultura fondata sulle differenze di fedeltà, ideologie, linguaggio, classe e colore della pelle, anziché sulle comunioni di storia, economia e calcio, un tale divario era sufficiente a espellere questi gruppi dalle grazie e dalla gloria dell'impero. Nella Gran Bretagna di Enock Powell,

una tale differenza precludeva ai postcolonizzati ogni forma di appartenenza alla nazione britannica.

Tuttavia, come Shonibare avrebbe scoperto, la differenza o almeno la sua maschera non si adattano sempre a questa esigua definizione, né producono conseguenze tanto precise, né si traducono invariabilmente in quartieri degradati o in condanna all'esclusione o, peggio ancora, all'espatrio. Una cultura fondata sulla differenza opera dei distinguo tra forme e categorie di differenza, perché ciò su cui è impostata è un'economia della differenza. Sa introdurre una demarcazione tra differenza tollerabile e intollerabile, tra differenze positive e convenienti, quando è il caso, e pericolosa alterità. Tollera la differenza quando sazia il suo appetito per l'intrattenimento, e in particolare quando è funzionale all'obiettivo sempre cruciale di puntellare e sostenere le proprie illusioni di superiorità e grandezza. D'altro canto, la differenza che a questo narcisismo contrappone il cinismo, o che ne sfida le pretese di supremazia e *grandeur*, o che minaccia di cancellare o indebolirne i simboli di unicità e perenne rilievo, viene espulsa, radicalmente e chirurgicamente, dal *corpus* politico. Invece, alla differenza che si pone a servizio delle industrie del piacere, che fornisce forza lavoro ai sistemi utilitari, che assicura chiarezza alla logica comunque futile del centro e del suo altrove, alla differenza che garantisce credibilità, in virtù delle sua sola presenza, alle pretese di equità e tolleranza della cultura e dimostra, se ancora ce ne fosse bisogno, che l'impero ha spazio e cuore bastanti ad accoglierla, che in fin dei conti persino la Union Jack ha un bordo nero, e che la metropoli è, per usare il vocabolario in voga, multiculturale - a questa differenza è garantito un posto indispensabile nella cartografia trasparente della cultura della differenza. Dato questo per scontato, la differenza è anche un terreno fertile per un pensiero vivace, svincolato, pronto a cogliere un'occasione e a mappare il proprio percorso attraverso i labirinti, le barricate e i campi minati del gioco della cultura. Per secoli, l'hanno capito intere generazioni di britannici outsider, e assai meglio dei nativi perché, come ha scritto James Baldwin a proposito dell'America, l'altra cultura della differenza, coloro che subiscono la minaccia della cancellazione e dello sradicamento, e che tuttavia vengono tollerati in virtù dello stesso argomento impiegato per sradicarli, comprendono meglio l'illogicità su cui si fonda la loro condizione. Perché sono loro che devono dimostrarsi degni di una generosa accettazione, e stare sempre in guardia vivendo in una condizione rischiosa, e impiegare tempo ed energia a decifrare la curiosa psicologia dei propri detrattori, per riuscire a risolvere le affascinanti complessità del destino che condividono con quegli stessi detrattori. Sono loro che si fanno carico della sensibilità, della capacità critica e autocritica, poiché il peso della croce grava sempre sulle loro spalle. Solo chi deve impegnarsi in una costante battaglia per l'esistenza sente la necessità di una strategia con cui proteggerla, e quindi impara ad attenersi (e col tempo a comprendere) le regole basilari di tale impegno. Chi ha ricevuto la benedizione e il privilegio di dare per scontata la vita, non ha alcun bisogno di capire se stesso, o chi non è altrettanto fortunato. Dato che la metropoli non avverte il bisogno di porre in discussione strutture e schemi di vita a lei tanto funzionali, il peso della comprensione tocca a chi ne ha tratto meno vantaggi. Il che spiega perché i londinesi outsider eccellono nella comprensione delle più piccole sfumature di differenza basate sulla logica della collocazione, e perché comprendano che la stessa quarantena della differenza può offrire una chiave di fuga proprio a chi tenta di sfuggirle. La porta può essere stretta e il percorso a ostacoli: per sconfiggere e sovvertire l'illogicità della differenza, l'outsider deve infatti iniziare con l'esagerare la propria. Se vuole che gli si levi la croce dalle spalle, la deve portare bene in alto, in piena luce, e potrà sguisciarne solo avvolto nell'oscurità della propria nudità. Visto che il cammino è arduo e il terreno scivoloso, ben pochi sono stati capaci di vincere a questo gioco senza diventare, alla fin fine, proprio ciò da cui avevano cercato di evadere: vale a dire, quel che si pensa che debbano essere fin dall'inizio e rimanere fino alla fine, per sempre. L'outsider che voglia insinuarsi nelle aree sorvegliate della metropoli, deve farlo giocando la carta della differenza tollerabile, nella speranza che ciò possa fungere da maschera per le sue intenzioni e i suoi schemi, anziché da camicia di forza che ne ingabbia l'esistenza. Questo è il prezzo del biglietto.

Per quanto tutto ciò possa risultare banale per i cittadini "outsider" di quel che resta dell'impero, come ho detto, Shonibare è cresciuto all'estero in una cultura diversa, tra persone il cui orgoglio e fiducia in se stessi sfiorano l'arroganza, e la cui comprensione del concetto di cittadinanza è diametralmente opposta a quella dei britannici. Una fiducia in se stesso di questa portata gli è stata senz'altro utile nel negoziare il proprio posto nella cultura britannica contemporanea. Possiamo soffermarci per un attimo su un dato importante: Shonibare è cresciuto a Lagos, una delle metropoli più vitali del globo.

Negli anni settanta, Lagos era la capitale di una delle nazioni più ricche del Terzo Mondo, una nazione che, pur essendo appena emersa da una guerra civile durata quasi tre anni, incuteva un certo rispetto a livello internazionale grazie ai giacimenti di petrolio appena scoperti, e alla sua determinazione nel trasformare questa ricchezza in ardore politico. Salvatasi dalle devastazioni belliche (concentratesi nella Nigeria orientale), Lagos si era mossa rapidamente per risollevarsi da una momentanea instabilità, unica conseguenza della guerra: mentre gli ex-ribelli riaffluivano in città dall'Est e i leader militari della nazione riacquistavano potere, Lagos spalancò le proprie porte al mondo con la promessa di denaro e raffinatezza, il fascino del nuovo e la speranza di equilibrio. C'erano universitari provenienti da tutti gli angoli del Terzo Mondo, dall'India e l'Indonesia, al Brasile e la Guyana, ingegneri civili dalla Germania e esperti di petrolio dalla Francia, investitori e mercanti della Siria e del Libano, milioni di immigranti di tutta l'Africa occidentale, così come africani della Diaspora, desiderosi di assistere al miracolo di una nazione in cui un giovane ufficiale dell'esercito poco più che trentenne aveva schiacciato una rivolta e ora giurava di voler costruire la più grande nazione moderna dell'Africa e far rivivere la gloria della sua razza. Lagos ospitò musicisti e performer di spicco, provenienti da tutto il globo, tra cui varie stelle del country & western statunitense, i più popolari attori afro-americani, e un gruppo emergente di nuovi idoli pop di tutto il continente africano. I cinema furono invasi da storie d'amore bollywoodiane e da film d'azione americani a base di kung-fu, e tutti i ragazzini conoscevano a memoria i testi delle canzoni di Jimmy Cliff e i colpi segreti di Bruce Lee. Nel resto del paese, stava prendendo forma una cultura popolare d'impronta borghese, accompagnata da un'ondata di ottimismo e fiducia. La musica rilassata *Highlife* degli anni sessanta cedette momentaneamente il posto a una nuova forma musicale funk-rock, tutta chitarra e voce, prima di reinventarsi come nuova *Highlife* ugualmente asciutta e rockeggiante, mentre in tutte le città spuntavano nuovi gruppi e i giovani si divertivano, assaporando la nuova libertà. I politici approntarono uno schema che avrebbe trasformato Lagos in capitale del mondo nero. Furono costruiti nuovi complessi culturali e nuovi musei, in tutta la città sorsero ampie costruzioni alimentate dal portafoglio apparentemente senza fondo del petrolio, e colonne di automobili in tutto il paese reclamavano nuove autostrade. Per dimostrare di volere realmente conquistare una posizione da città globale, nel 1977 Lagos accolse il primo Festival Mondiale di Arti e Cultura Nera (FESTAC), che attrasse migliaia di africani e africani della diaspora da centinaia di paesi, tra cui l'ambasciatore americano delle Nazioni Unite ed ex-braccio destro di Martin Luther King, Andrew Young. Come spiegarono i giovani leader militari nigeriani, il denaro era "fuori questione" e l'esuberanza all'ordine del giorno. Questa è la città dell'infanzia di Shonibare, celebrata dalla scrittore britannico Ben Okri. Un giovane che - come loro due - fosse cresciuto in questo ambiente, accedendo liberamente alla cultura popolare di tutto il mondo, coltivando una sensibilità globalizzata e nessun complesso d'identità marginale, avrebbe ovviamente sviluppato una psiche diametralmente opposta agli schematismi dell'inconscio sminuito, marginale e postcoloniale che la Gran Bretagna si aspettava dai suoi cittadini outsider. Ironicamente, per un giovane così, trasferirsi da Lagos a Londra significava passare da un territorio libero a una colonia sottoposta a un mandato culturale, a una città pretenziosa dove la gente sa stare al suo posto e vive il proprio destino sotto controllo possente e vigile del panopticon statale.

A Londra, quindi, Shonibare aveva dovuto reimparare le regole dell'appartenenza: non era più il ragazzo nero partito dalla Nigeria, ma il giovane aristocratico di Lagos venuto a reclamare la propria cittadinanza in un paese in cui né i suoi nobili antenati, né il suo naturale diritto di cittadinanza potevano tradursi nel privilegio dell'accettazione. Per anni, nelle accademie d'arte britanniche cercò di resistere, di sconfiggere quella perenne richiesta di differenza, lottando per confutare le ortodossie della sua presunta peculiarità. Invece di produrre un'arte che rappresentasse o significasse un altrove, come gli veniva chiesto, un'arte che lo separasse dal resto e rendesse credibili quelle che egli considerava mere distrazioni di una differenza solo finta, Shonibare propose un'arte che parlasse delle sue affinità con il resto. Si era mosso troppo rapidamente per cercare il proprio posto di artista, per fare propria una nazione e un luogo, per appartenere con il semplice dire: Io sono. E aveva fallito.

Pazienza. Ancora imbevuti della sensibilità ultrametropolitana che Lagos gli aveva regalato, i primi progetti di Shonibare come artista professionista in Inghilterra trascendevano le miopi preoccupazioni dell'immediato predilette dai suoi colleghi. Erano opere in linea con le ossessioni di quel periodo, ma orientate su temi lontani dal territorio microscopico dell'arte britannica o europea alla moda, come i disastri nucleari in Europa dell'Est, le esperienze delle minoranze americane, le problematiche del Terzo Mondo - tutti in accordo con la sua crescita in un "altrove" metropolitano. Però, il linguaggio formale del suo lavoro non era diverso da quello dei suoi contemporanei, e nel gioco della cultura della metropoli occidentale, questa non è una strategia vincente, come avevano già scoperto molti ottimi artisti britannici di analoga provenienza. Trent'anni prima un altro giovane, Frank Bowling, aveva affrontato gli stessi problemi e cercato di esercitare le stesse libertà creative nel dialogare con tutto ciò che riguarda l'artista, libero dalle catene dei cliché di un'epoca e dalle aspettative istituzionali e culturali, ma - forse era ancora troppo presto - solo per giungere alla stessa conclusione: aspirare senza un'adeguata strategia ai territori creativi riservati agli "altri" nella metropoli, vuol dire perdere una mano nel gioco della cultura. Cresciuto nella British Guyana, Bowling aveva studiato nella stessa classe di David Hockney al Royal College of Art di Londra, e nulla cambierà la sua convinzione che la medaglia d'oro del 1962 assegnata a Hockney fosse in realtà destinata a lui, risarcito con quella d'argento. Come quelli del giovane Shonibare, gli interessi di Bowling superavano l'orizzonte mondano dei compagni - le ossessioni di Hockney per Cliff Richards, per esempio, o le sperimentazioni formali di Ron Kitaj - per concentrarsi sui grandi eventi storici in atto nelle colonie: il collasso dell'impero, l'epocale contrapposizione tra francesi e algerini, l'emergenza di nazioni moderne in Africa e Asia, gli avvenimenti in Congo e la morte di Lumumba. Allo stesso tempo, però, Bowling cercava di coniugare questi temi con gli stessi esperimenti formali che impegnavano gli altri studenti. Come ha dichiarato lo stesso Bowling, anche se dipingeva Lumumba e non Marilyn Monroe, e se alcune delle sue opere erano ispirate a Chuck Berry e Little (no, non Cliff!) Richard, la sua era pur sempre Pop Art.

Come outsider di quella generazione, il suo lavoro sembrava poco chiaro, proprio perché non enfatizzava la propria differenza, tematicamente e formalmente. Che le sue inclinazioni postcoloniali e globalizzanti lo avessero portato a Lumumba e al Congo andava bene, ma ostinarsi a fare Pop Art come tutti gli altri, o *color field painting*, a New York anni dopo, significava cercare di cancellare la distanza che gli veniva richiesta. Per il suo lavoro fu coniata una nuova categoria, "figurazione espressionista", una quarantena condivisa con Francis Bacon, da cui è uscito come contendente dell'arte contemporanea britannica. Una generazione dopo Bowling, un altro gruppo di giovani outsider cercò di sfondare le barricate dell'establishment artistico inglese: tra loro c'erano Yoko Ono, David Medala e Rasheed Araeen. Ono era una pioniera della performance e della musica, Medala un pioniere dell'arte concettuale inglese, e Araeen, dopo gli studi come ingegnere e un inizio Minimalista, si era avventurato nella performance e in altre situazioni analoghe dei primi anni settanta. Questi artisti cercarono nuovamente di aggirare o sconfiggere il sistema sfidandone le norme, rifiutandosi di giocare la carta della differenza. La loro strategia e il loro linguaggio formale erano come quelli di Bowling, all'avanguardia, ma senza la distanza di sicurezza introdotta dalla differenza, furono sospinti ai margini. Almeno fino a qualche anno fa, quando il revisionismo storico ha provato a recuperare e riconoscere il loro contributo.

La sfida di Shonibare, quindi, si giocava nella messa a punto di una strategia operativa capace di spezzare il codice di questa relazione storica, di interrompere il ciclo d'isolamento ai margini. Doveva trovare un modo per superare la prova della differenza, per misurarsi con essa e superarla con leggerezza, invece di cercare la contrapposizione e la sfida; al tempo stesso, doveva provare a penetrare nei ranghi e nello spazio sacrale del riconoscimento pubblico, senza condannarsi al gioco dell'auto-fustigazione e della caricatura. E riuscì a farlo nel 1994 con la serie di dipinti intitolati "Double Dutch" [battuta, nonsense, N.d.T.], per i quali aveva montato sul telaio della tela acquistata al mercato di Brixton, a sud di Londra. Sulla scelta di quella particolare stoffa per "Double Dutch" si è scritto molto, come pure sul fatto che la stoffa a batik (Dutch wax, cioè cera olandese, in inglese) sia prodotta in Indonesia o Europa, brevettata e distribuita da una fabbrica di Manchester, in Inghilterra, ma storicamente identificata come africana, perché viene usata in tutta l'Africa postcoloniale, e soprattutto nelle ex-colonie britanniche dell'Africa occidentale, orientale e meridionale, dove fa parte dell'abbigliamento quotidiano. I dipinti erano presentati in forma di installazione, appesi al muro su uno sfondo rosa, e come singoli pezzi sarebbero poi migrati in altre formazioni e installazioni, come "Deep Blue" del 1997. Ma i congegni formali postmoderni, l'impiego dell'installazione o il peso concettuale del colore rosa come significante vuoto sembravano privi di importanza, a differenza dei motivi chiassosi e "tropicali" del supporto. Quelle stoffe e "Double Dutch" attrassero immediatamente l'attenzione, mentre le gallerie, i musei e i curatori si lanciarono in interpretazioni di opera e medium come riferimenti diretti all'identità africana di Shonibare. Alla fine, l'artista aveva confermato la finzione della propria alterità, e con la scelta di un significante e un linguaggio "africano" per i propri lavori, nel codificarli con una trasparente etnicità, aveva ristabilito la distanza tra gli indigeni e se stesso, annullando ogni rivendicazione di un posto al centro della metropoli. O così sembrava.

"Double Dutch" di Shonibare, per quanto sottovalutato e frainteso, resta uno dei più importanti lavori di contestazione culturale del tardo Novecento: ben più di ogni altra opera dell'arte inglese contemporanea, riesce a superare in astuzia e a sovvertire i desideri e le macchinazioni della cultura della differenza. Da un punto di vista formale "Double Dutch" è un'opera piacevole e vivace, per nulla straordinaria in questo senso e priva di una qualsiasi seduzione iconografica da cogliere al di là della superficie del supporto. Tuttavia, a parte questa ordinarietà formale, raramente si vede un'opera assemblata con tanta cura, in cui ogni aspetto è tanto meticolosamente risolto, ogni elemento di significazione tanto precisamente articolato, ogni ramificazione tanto chiaramente calcolata e prevista. Come già detto, Shonibare trovò il proprio linguaggio della differenza, la stoffa a batik, a Brixton, la zona meridionale di Londra conosciuta per la sua varietà demografica e - ancora di più - come capitale della *Black Britain*. Sebbene esistano comunità di questo tipo in altre zone di Londra e in città inglesi come Birmingham e Manchester, Brixton è caratterizzata dal surplus di esotismo di un bazar tropicale trapiantato, con le sue vetrine vistose e le insegne dipinte a mano, le derrate di cibi e accessori culinari cosiddetti "etnici", i ritmi sincopati e le cacofonie che ricordano allo straniero le complessità e i richiami di Babele, i costumi e gli ornamenti, la miriade di sfumature della pelle e le complessità di classe. Brixton registra ovviamente l'esistenza e la presenza di comunità e sensibilità ben più complesse e vive del chiaroscuro delle narrative *mainstream*, ma in superficie è il cliché dell'alterità, del riducibile, del classificabile, del trasparente, della diversità per eccellenza. Dove avrebbe potuto Shonibare identificare l'indicatore della propria differenza personale meglio che in questa capitale *ready-made* della differenza? E come farlo meglio che situandolo nel cuore concepito, prodotto, commercializzato e consumato della metropoli stessa? Con questa scelta Shonibare indica in modo sottile quanto sia tenue il collegamento tra l'alterità delle sue origini e questo pezzo di mercantilismo tessile britannico. Il significante che denoterebbe e iscriverebbe la sua alterità, dopotutto, è del tutto inglese.

La scelta stessa del titolo, da parte di Shonibare, indicava chiaramente come l'artista fosse impegnato in un gioco che era ragionevolmente fiducioso di poter vincere perché era giunto a comprenderne le complessità e le insidie. Ancora una volta, a questo proposito, non si potrebbe trovare in tutta l'arte contemporanea un'opera il cui titolo sia stato scelto in modo tanto appropriato e attento. Sinora la maggior parte dei lettori ha preso in considerazione solo la possibilità che il titolo di Shonibare, "Double Dutch", facesse riferimento al fatto che i tessuti batik usati nei dipinti sono noti anche come "Dutch wax". Ma il titolo di Shonibare risuona anche di altri più rilevanti significati. In tempi recenti l'espressione Double Dutch ha indicato un revival di alto profilo del gioco del salto della corda, originario dei figli della Diaspora: un gioco portato nel nuovo mondo dall'Africa, che per lungo tempo è rimasto un passatempo da strada o da cortile e che ora ha dato luogo a competizioni internazionali. Il saltatore sta tra altre due persone che tengono i capi di una corda (a volte due). Questi fanno passare ripetutamente e a grande velocità la corda sopra la testa del saltatore, che salta da un piede all'altro per consentire alla corda di passargli sotto e completare il proprio arco senza toccarlo. La cosa si ripete centinaia di volte al minuto e ogni arco viene completato in una frazione di secondo. Il salto della corda è un gioco atletico i cui requisiti sono l'agilità del corpo, della vista e della mente. Il saltatore non deve solo essere allerta da un punto di vista visivo fino ad affidarsi al puro istinto: il suo corpo e la sua mente devono anche lavorare con l'elevata velocità e con il ritmo della corda se vuole evitare una terribile caduta. Spesso il saltatore è rivolto verso una sola delle persone che fanno girare la corda, ed è da costui che deve legge-re ogni indizio: solo con un istinto perfettamente sviluppato può reagire alle azioni dell'addetto alla corda che si trova alle sue spalle. A differenza della maggior parte degli altri giochi in cui si scontrano degli sfidanti, il saltatore (o giocatore di Double Dutch) è preso nel mezzo delle cose, tra gli addetti alla corda e tra le corde, nel mezzo dello stretto arco, tra lo stare in piedi, il saltare e - se non sta attento e se non è agile - il fare una brutta caduta. È come un giocatore di scacchi che affronta due sfidanti alla volta, o l'individuo solitario alle prese con i corsi e ricorsi dell'establishment e della storia nella cultura della differenza. Deve saltare senza inciampare.

Cosa forse meno nota oggi, l'espressione Double Dutch si riferisce anche a un gioco linguistico ormai scomparso ed estremamente simile al "linguaggio farfallino", popolare nel corso del Novecento tra i ragazzini di diverse aree dell'Occidente: i giocatori applicavano una serie di combinazioni codificate per rendere incomprensibili i propri discorsi. In molti casi il codice prevedeva la sostituzione di alcuni elementi della sintassi, per esempio tutte le consonanti di una parola, con una parola intera o un prefisso, in modo che le parole originali divenissero non solo incomprensibili ai non iniziati ma anche quasi impronunciabili. Per parlare in modo intelligibile in questo idioma, le persone che usavano il Double Dutch dovevano essere estremamente agili, da un punto di vista mentale e verbale, per riuscire a inserire le lettere giuste nei posti giusti con una velocità sufficiente a formare un discorso. Dovevano sapere in modo quasi enciclopedico dove, all'interno di ciascuna parola, si trovavano le consonanti e le vocali in causa, e ciò faceva di questo passatempo da adolescenti uno dei giochi linguistici e mentali più difficili al mondo. Come il salto della corda, il Double Dutch linguistico era un'arte performativa, forse più esoterica e rarefatta, in cui i giocatori dovevano avere un'elocuzione sciolta, attenersi alle regole esclusive di un culto complesso e avere una padronanza impeccabile della dizione del loro circolo esoterico.

In entrambi i suoi significati metaforici il titolo di Shonibare era un gioco di destrezza, un riferimento a un acrobatismo culturale in cui il giocatore è padrone del gioco. Scegliendo questo titolo Shonibare annunciava la propria entrata nel gioco culturale della metropoli e indicava di essere pronto a mettere in gioco l'abilità mentale e performativa necessaria. Avrebbe offerto una rappresentazione della differenza, come la matta in un gioco di carte, e avrebbe giocato con le dita agili e la mente svelta di un grande *croupier*, ma alla fine la sua carta vincente non sarebbe uscita dal suo mazzo di carte, ma da quello dell'avversario. Double Dutch.

È particolarmente significativo il fatto che nella storia della cultura contemporanea inglese Shonibare sia un caso unico, perché - nonostante non sia il solo tra i cittadini-outsider britannici a sottoporsi alla prova della differenza - è certamente uno dei pochissimi ad avere affrontato e superato questa prova offrendo coscientemente solo una rappresentazione della differenza. Tra i suoi contemporanei vi sono certamente altri artisti che da una decina di anni a questa parte hanno giocato la carta della differenza: lo hanno però fatto non solo mettendo in scena la differenza stessa, ma credendo nella sua esistenza fattuale. A metà degli scorsi anni novanta un altro pittore, Chris Ofili, è assurto velocemente alla fama con degli appariscenti dipinti puntinati appoggiati su palle di sterco d'elefante. I dipinti puntinati di Ofili, diversi com'erano dai suoi primi e potentissimi lavori, furono ampiamente ispirati ai dipinti contemporanei di aborigeni australiani esposti in una mostra tenuta alla Royal Festival Hall di Londra e intitolata "Aratjara". L'utilizzo dello sterco d'elefante si ispirava invece all'opera dell'artista concettuale americano David Hammons, che diversi anni prima aveva usato lo stesso materiale nelle proprie opere. Ma in ossequio alla sua narrativa della differenza Ofili attribuì la fonte della propria ispirazione a un breve viaggio nello Zimbabwe, dove aveva visto usare lo sterco d'elefante. In realtà nello Zimbabwe non vi è alcuna tradizione legata all'utilizzo dello sterco d'elefante, ma creando questo fittizio ed esotico collegamento con l'Africa Ofili sperava (a ragione) di poter reclamare la differenza necessaria a garantirsi l'accettazione in seno all'arte contemporanea inglese. Il lettore meno accorto poterebbe trovare qualche parallelismo tra la narrativa della differenza di Ofili e quella di Shonibare. In superficie entrambi gli artisti sembrano essersi presi gioco dell'establishment lavorando sul desiderio d'esotismo della metropoli. Entrambi hanno utilizzato significanti fittizi, in entrambi i casi probabilmente presi proprio in Europa. Ma se si presta una maggiore attenzione alla narrativa della pratica dei due artisti si nota una differenza assai significativa. Shonibare fa ogni sforzo per ricordare allo spettatore che i tessuti cosiddetti africani introdotti nel suo lavoro con "Double Dutch" sono di fatto tutto meno che africani: si tratta di un falso indicatore di distanza esotica concepito e prodotto fuori dall'Africa. Come afferma lui stesso: "La stoffa africana, o se preferite esotica, è una costruzione coloniale. Per l'occhio occidentale questo disegno eccessivo (Differenza) reca in sé i codici del nazionalismo africano, [...] una sorta di moderno esotismo africano". Ofili invece ha voluto insistere sull'autenticità del proprio tropo, lo sterco d'elefante, collegandolo all'Africa, la terra degli animali in cui l'uomo venera lo sterco, come ha sostenuto il direttore del Brooklyn Museum di New York in difesa di Ofili dopo che nel 1999 il lavoro del pittore era stato accusato di essere empio e volgare. Mentre il tropo della differenza di Shonibare è non solo patentemente fittizio, ma anche critico rispetto alla domanda di differenza, quello di Ofili rivendica l'autenticità in un esercizio di autoerotismo che non fa che rafforzare la domanda. Ofili riscrive la rappresentazione della propria alterità senza alcuna critica.

L'auto-adulterazione di Ofili trova dei paralleli anche in altre aree della cultura inglese contemporanea, come la letteratura. Tra gli scrittori inglesi outsider più celebrati vengono subito alla mente i nomi del Nobel V. S. Naipaul e del "Booker Prize" Ben Okri. Naipaul, nativo di Trinidad e originario del Sudest asiatico, si trasferì ancora giovane in Inghilterra e risalì i ranghi della cultura britannica fino a portare al Regno Unito il suo unico premio Nobel per la letteratura da quasi mezzo secolo. La sua carriera di scrittore è stata metodicamente dedicata a una riiscrizione delle narrative della rottura e della subalternità postcoloniali. Caustico e implacabile nel ritrarre in modo tremendamente degradante qualsiasi persona di colore, Naipaul si vanta di avere una conoscenza privilegiata dell'intrinseca inferiorità genetica di queste persone, che in un suo libro definisce "uomini-schiavi". Nel corso di una lunga e prestigiosa carriera di narratore postcoloniale nella metropoli, Naipaul non è mai riuscito a trovare una sola virtù redentrice in una qualsiasi società o cultura che non fosse quella europea, e tanto meno tra la sua stessa gente. Per questo, e per l'impeccabile stile con cui esprime un assoluto disprezzo per le proprie origini, Naipaul si è guadagnato l'accettazione e la stima dell'Occidente. La sua rappresentazione della differenza non è una critica del gioco della cultura, come era quella di Shonibare, ma piuttosto una sottomissione incondizionata a essa. La stessa sottomissione che ritroviamo echeggiata nella scrittura di Okri, che, come Shonibare, è nato in Inghilterra e cresciuto a Lagos solo per tornare in giovinezza a fare fortuna in Inghilterra. Okri ha abbandonato la critica della metropoli e del suo gioco della cultura già agli inizi della propria carriera, per dedicarsi alle narrative del caos, dell'irrimediabile violenza e della catastrofe postcoloniale. Nei suoi romanzi e racconti separa se stesso e le società delle proprie origini dai teatri della civiltà, avallando così la finzione della propria e della loro irrevocabile differenza. Con il tempo

Okri si è conquistato un posto tra i cronisti e gli interpreti delle malattie postcoloniali più amati dall'Occidente. Per trovare un parallelo all'eccezionale sotterfugio di Shonibare in "Double Dutch" si dovrebbero prendere in esame un'altra epoca e un'altra cultura in cui la differenza era richiesta ai cittadini-outsider come merce di scambio per essere accettati. Nel 1927 il giovane Duke Ellington fu scritturato per suonare con la propria orchestra al Cotton Club, il famoso locale di Harlem, New York. Per vendere meglio l'orchestra il manager di Ellington, un tizio di nome Irving Mills, aveva presentato la loro musica come una nuova forma di crapula esotica chiamata Jungle music. Sotto questa etichetta però Ellington - che peraltro la detestava - era determinato a provare all'America non solo che la sua musica era tutt'altro che primitiva o selvaggia, ma anche che lui era di fatto il compositore americano più sofisticato e innovativo dell'epoca. Fu proprio mentre la sua musica veniva presentata al Cotton Club come Jungle music che Ellington compose la sua prima grande opera, *Black and Tan Fantasy*, una complessa odissea blues in cui omaggiava non il bianchissimo Cotton Club, in cui la gente di colore poteva suonare ma non poteva essere servita o andare a divertirsi, ma le balere miste di Harlem conosciute come "Black and Tan", dove tutta la complessità dell'America poteva manifestarsi senza alcuna distanza e alcuna enfasi sulla differenza. Ellington, il cosiddetto re della Jungle music secondo il Cotton Club, concluse la composizione con una citazione dalla *Marcia funebre* di Chopin, il che si sarebbe dimostrato profetico rispetto al destino dell'America alla fine degli anni venti. Composizione dopo composizione Ellington omaggiò la complessità dell'America e criticò l'insensatezza di una tassonomia gerarchica razziale. Lottò per dimostrare che la sua musica era la musica dell'America, la cronaca e la rappresentazione dell'esperienza e della storia americana, e non la musica di "altri" arrivati dritti dritti dalla giungla. Come la "stoffa africana" di Shonibare quasi cent'anni dopo, la Jungle music era il suo tropo di differenza, ma con quel tropo avrebbe criticato in modo coerente e articolato la cultura della differenza.

Avendo penetrato il codice del gioco della cultura, Shonibare ha trasformato il proprio uso del tessuto in una firma, un'identità di prodotto, manifestando ancora la propria sofisticata comprensione degli strumenti del successo nell'industria culturale metropolitana. Ha applicato questa firma all'interpretazione di un'ampia gamma di temi che vanno dalla fascinazione (già in sé significativa) per la figura dell'elegante, stiloso e connivente outsider della società vittoriana, il dandy, alle reinterpretazioni dei classici dell'arte, della letteratura e del gusto vittoriano. Essendosi guadagnato la libertà di circolare ed essere visto negli spazi della cultura *mainstream*, una libertà unica, Shonibare si è presto allontanato dalle preoccupazioni sulla differenza, un tema che di fatto non è mai stato predominante nel suo lavoro, ed è passato da saggi visivi sulla fantascienza e i viaggi nello spazio a contemplazioni della memoria comune, con tutto ciò che vi passa nel mezzo. Sarà necessario attendere un'altra occasione e un altro saggio per affrontare una discesa nelle profondità di questi lavori, compresa la reinterpretazione data da Shonibare della storia d'amore intellettuale tra lo scrittore Henry James e l'artista norvegese-americano Hendrik C. Andersen, che costituisce l'elemento centrale di questo catalogo e di questa mostra. Ma è stato "Double Dutch" a rendere possibile tutto questo. Con "Double Dutch", a tutt'oggi la sua opera più importante, l'artista Yinka Shonibare ha sfondato le barricate mobili della cultura metropolitana contemporanea ed è oggi in grado di reclamare il proprio posto di cittadino affermando: "Io sono".

"Double Dutch" and the Culture Game
Olu Oguibe

Yinka Shonibare gained visibility in the mid-nineteen-nineties by devoting himself to a thorough understanding of the languages of the metropolis, or, perhaps more accurately, the devices and strategies of its culture game, and especially the peculiar rules of the game with regard to the place and destiny of the postcolonial outsider. Paying rigorous attention to the critical discourses of the day, especially postmodernism and its minority discourses, Shonibare understood that in order to break into the culture game of the metropolis he had but few cards, few choices, few avenues or guises all of which, inevitably, required of him to submit to a test of difference, and worse still, to pass that test.

In the heady days of the Thatcher years when conservative nationalism held sway over British politics and culture and all counter-reason was consigned to the marginal corridors of protest politics, the Tory minister Enoch Powell spoke of a certain test of difference, the cricket test, whose purpose was to prove the mediated loyalty of postcolonials to the British nation, and in essence the difference that disqualified them from claims to Queen and country, by proffering evidence that their sporting loyalties lay not with Britain but elsewhere. On any given day, Lord Powell had maintained, the average West Indian as the British from the Caribbean and their descendants are still known in England, would side with the West Indies cricket team against that of England. This was proof of their irremediable difference, and in a culture that dwelt on difference in, loyalties, ideologies, language, class and colour of skin rather than the commonalties of history, market, and football, this difference was sufficient to dislodge such groups from the grace and glory of empire. In Enoch Powell's Britain this difference foreclosed the postcolonials from any form of belonging to the British nation.

However, as Shonibare would find, difference, or at least the guise of difference did not always fit this narrow definition or have so definite a consequence. It did not always amount to worse neighbourhood services or a call for exclusion, or worse still, expatriation. A culture that dwells on difference also distinguishes between forms and categories of difference because it operates on an economy of difference. It demarcates between tolerable difference, and intolerable difference, between benign difference and profitable, as it were, and dangerous otherness. It tolerates difference when it satiates its appetite for entertainment, or even more especially, when it serves that eternally crucial purpose of propping and sustaining its illusions of superiority and greatness. Difference that confronts its narcissism with cynicism, on the other hand, or challenges its claims to primacy and grandeur, or threatens to deface or dislodge its symbols of uniqueness and perpetual relevance, it tries to expurgate, radically and surgically, from its body-politik. In effect difference that merely services the pleasure and civic industries, difference that provides labour for the utility systems, difference that gives clarity to the nonetheless futile logic of the centre and its elsewhere, even difference that by its very presence lends credibility to the culture's claims of equity and tolerance and offers proof, if it was needed, that the empire has room and heart enough for difference, that there is an edge of black in the Union Jack after all, that the metropolis is, to use the language of the day, multi-cultural; such difference is granted a place of indispensability in the translucent cartography of the culture of difference. This expected, requisite, difference is also fertile ground for the sharp, outsider imagination intent on taking a chance and charting its course through the labyrinths, barricades and mine fields of the culture game. Over several centuries, generations of England's outsiders have understood this, and understood it far better than the native himself, for, as James Baldwin pointed out about America, the other culture of difference, it is those who are threatened with effacement and displacement, but nevertheless are tolerated on the strength of the same argument that is employed to displace them, who understand best the illogic behind their condition. Because it is they who must prove themselves otherwise worthy of the generosity of acceptance, and must endlessly be on their guard because theirs is a treacherous condition, and must devote energy and time to unravel the curious psychology of their detractors in order to unravel, also, the intriguing complexities of their common destiny with this detractor, who have the onus of sensitivity, criticality and self-reflexivity because the burden of the cross is always upon them.

Only those who must engage in a constant battle to exist, commit themselves to strategizing for their existence, and thus must dwell on, and in time understand, the ground-rules of that engagement. Those who are blessed with the privilege to take being and existence for granted, have no need to understand either themselves or those who are deprived of it. Because the metropolis has less need to question structures and patterns of existence that have served it so well, the burden of understanding falls on those who are served less well, which is why England's outsiders excel in understanding the variegations of difference in the logic of their location, and especially in the knowledge that even the quarantine of difference sometimes affords those who are intent on escaping it, the very key for their extrication. The door may be narrow and fraught with risks for in order to defy and subvert the illogic of difference, the outsider must begin with an exaggeration of his own difference. He must bear his cross in full light if he must be relieved of it, and may slip out only under the darkness of his own nakedness. Because the path is narrow and the ground treacherous, few are able, ever, to succeed at this game without becoming, in the end, nothing but that which they set out to escape, which is what they are meant to be in the first place, and to remain ever after. The outsider who must insert himself in the guarded spaces of the metropolis must do so only by playing the card of tolerable difference in the hope that it may serve as a guise for his intentions and schemes, rather than as the straightjacket that perpetually defines his being. Such is the price of the ticket.

While this knowledge is commonplace among outsider citizens of the empire's residue, as I have argued, Shonibare was nevertheless raised abroad within a different culture, among a people whose pride and self-confidence bothers on arrogance and whose understanding of citizenship and belonging run diametrical to the British, and this self-confidence would serve him well in negotiating his place in the contemporary British culture. One may dwell a little here on the significance of Shonibare's upbringing in Lagos, one of the world's liveliest metropolitan cities.

In the nineteen-seventies, Lagos was the capital city of one of the wealthiest nations in the Third World, a nation which, though it had just emerged from a bitter, thirty-month civil war, nevertheless commanded respect in the community of nations thanks to its new-found oil wealth and its determination to transform this wealth into political mettle. Completely spared the ravages of war because the theatre of the civil war was far away in Eastern Nigeria, Lagos moved quickly to recuperate from the momentary instability that was its only loss in the war, and as the highly entrepreneurial, former rebels in the East surged back into the city, and the nation's military leaders regained the reigns of power, the city threw its doors open to the world with the promise of money, sophistication, the charm of the new, and the promise of stability. There were academics from all corners of the Third World, from India and Indonesia to Brazil and Guyana, construction engineers from Germany and oil experts from France, investors and merchants from Syria and Lebanon, immigrant workers in their millions from across the entire West African region, as well as Diaspora Africans keen to witness the miracle nation where a young army officer who was still in his early thirties had crushed a rebellion and was determined to rebuild Africa's greatest modern nation and restore the glory of the race. Lagos played host to leading musicians and performers from around the globe, including country and western stars from America, the most prominent African American performers of the day, and an emerging crop of new pop headliners from different parts of the African continent. The movie theatres were flooded with Bollywood romances and American Kung-fu action flicks, and every child knew his Jimmy Cliff lyrics and Bruce Lee kicks. Elsewhere around the country, a burgeoning popular culture was taking shape around a shared spirit of optimism and supreme confidence. The laid-back Highlife music of the nineteen-sixties yielded momentarily to a new form of guitar and lyrics driven funk and rock music before re-inventing itself in an equally hard-driven, rock-influenced new Highlife as bands proliferated from city to city and the youth revelled in their new-found freedom. Among Nigeria's leaders, a scheme was in place to transform Lagos and proclaim it the capital city of the Black World. New cultural complexes and museums went up, vast constructions that ran on a seemingly depthless oil purse appeared all over the city, vehicle assemblies around the country trucked in throngs of automobiles to claim the new highways. As if to prove their determination to reclaim its status as a global city, Lagos hosted the first World Festival of Black Arts and Culture [FESTAC] in 1977, which attracted thousands of Africans and Africans in the Diaspora from hundreds of nations including the American ambassador the United Nations and former Martin Luther King aide, Andrew Young. As Nigeria's young military leaders put it, money was "no object" and exuberance was the order of the day. This was the city of Shonibare's youth, as of celebrated British writer Ben Okri, and a youth who grows up in this environment as did Shonibare and Okri, with access to popular culture from all over the world and a highly globalised consciousness and without a sense of marginal self or questionable identity, obviously developed a psyche quite diametrical to the scheming and understated, marginal, postcolonial unconscious that Britain required of its outsider citizens. Ironically, moving from Lagos to London was like moving from a free territory to a colony under a cultural mandate, a city of pretences where people know their places and live out their destinies under the powerful, ever watchful panopticon of the State.

Upon return to London, therefore, Shonibare had to relearn the rules of belonging because he was no longer the black British boy who left, he was now the aristocratic youth from Lagos come back to reclaim his citizenship, in a country where neither his aristocratic ancestry elsewhere, nor his birthright to citizenship could be translated to the privilege of acceptance. He spent his years in the British art academy resisting and defying the perpetual

"Vacation", 2000.

demand for difference, struggling to refuse and refute the orthodoxies of his supposed peculiarity. Rather than produce art that represented or signified an elsewhere, as he was required to, an art that separated him from the rest and lent credulity to what he considered distracting fictions of difference, he made art that spoke instead to his affinities with the rest. He moved too quickly to seek his place alongside his peers, to make his claim on nation and station, to belong by simply saying, I am. He failed.

No matter. Still possessed of that far more metropolitan consciousness that Lagos imbued in him, Shonibare's early work as a professional artist in England transcended the minute preoccupation with the immediate that was the predilection of his peers. He made work that was not simply in line with the period obsessions, but spoke to issues and concerns beyond the miniature territory of en vogue British and contemporary European art, work that dealt with nuclear disasters in Eastern Europe, minority experiences in America, issues in the Third World, all of which was in character with his upbringing in a metropolitan "elsewhere". However, the formal language of his work was no different from that of his immediate contemporaries, and in the culture game of the Western metropolis, this was not a winning strategy, as many other, highly talented British artists of like background have discovered. Three decades earlier, another young artist, Frank Bowling, had dwelt on the same preoccupations and sought to exercise the same creative liberties to speak to all that speaks back to the artist, unfettered by the constraints of period obsessions or institutional and cultural expectations, again perhaps too quickly, only to come to the same realisation that to aspire beyond creative territories earmarked for the metropolis's others without careful strategizing, was to deal a losing hand in the culture game. Raised in British Guyana, Bowling studied in the same class as David Hockney at the Royal College of Art in London where he is convinced that he was passed up for the gold-medal in 1962 (which went to Hockney), and was awarded the silver-medal instead. Like the young Shonibare, Bowling's interests also extended beyond the largely mundane preoccupations of his peers, Hockney's obsessions with Cliff Richards, for instance, or Ron Kitaj's formal experiments, and focused on the great, historic events taking place in the colonies. He was more interested in representing the collapse of empire, epochal confrontations between France and the Algerians, the emergence of modern nations in Africa and Asia, the events in the Congo and the death of Lumumba, although, at the same time, he sought to marry these larger concerns with the same formal experiments that his peers were engaged in. As Bowling has stated, although his subject matter was Lumumba rather than Marilyn Monroe, and some of his work was inspired by Chuck Berry and Little Richard rather than Cliff Richards, it was pop, nevertheless. However, as the "outsider" of his generation, his work was seen to lack clarity because it did not sufficiently emphasise his difference, thematically and formally. That his postcolonial, more globalised consciousness led to Lumumba and the Congo was fine, but to make pop art like the rest, or colour-field paintings as he did later in New York, was to attempt to obliterate the distance that was required of him, and so, a new category was created for his work, "expressionist figuration", into which he was quarantined alongside a spent Francis Bacon, and eventually terminated as a contender in contemporary British art. Bowling lost in the culture game. A generation after Bowling, another crop of young outsiders tried to break through barricades of the British art establishment, among them Yoko Ono, David Medala and Rasheed Araeen. Ono was a pioneer of performance and sound art, Medala a pioneer of British conceptual art, and Araeen, trained as an engineer, began with minimalism before venturing into performance art and situations in the early nineteen-seventies. Again, these artists tried to circumvent or prevail over the establishment by defying the rules of engagement and refusing to play the card of difference. Because their strategy was no different from Bowlings, and their formal language, like his, was avant-garde without signifying the distance of difference, they, too, were evacuated into the margins until recently when revisionist histories have tried to recuperate and acknowledge their contributions.

Shonibare's challenge, therefore, was to devise a working strategy in order to break the code of this historical relationship, and in effect break the cycle of consignment to the margins. He had to find a way to pass the test of difference, to engage and outwit it rather than confront or defy it, and at the same time hope to break through the ranks and into the sacred space of acknowledgement without condemning himself to the irremediable location of self-immolation and caricature. This he did in 1994 with a group of paintings called "Double Dutch". In the paintings Shonibare used stretched, everyday fabric, having bought the particular line of fabric from Brixton market in South London. A considerable amount of literature has been generated around Shonibare's choice of fabric for "Double Dutch" and the fact that the "Dutch wax" fabric is made in Indonesia or Europe, patented and marketed by a firm in Manchester, England, but is nevertheless historically identified as African because it is widely used across postcolonial Africa, especially in the former British colonies of West, East and Southern Africa where it is part of everyday apparel. The paintings were presented as an installation, wall-bound against a pink background, and as individual pieces would eventually migrate to other formations and installations, such as

"Deep Blue" in 1997. But the formal, postmodern devices, the use of installation or the conceptual status of the colour pink as an empty signifier, mattered none whereas the loud, "tropical" design of the support meant everything. The fabrics, and "Double Dutch" attracted instant attention as galleries, museums, and curators embraced work and medium as direct references to Shonibare's African identity. Finally, the artist had endorsed the fiction of his own otherness, and in choosing an "African" signifier and language for his work, in coding his work with transparent ethnicity he had restored the distance between the native and himself and retracted his claim to a place in the centre of the metropolis. Or so it seemed.

Shonibare's "Double Dutch", understated and misunderstood as it is, must nevertheless stand as one of the most important works of cultural contestation in the late twentieth century because, far more than any other work in contemporary British art, it succeeds in outwitting and subverting the desires and machinations of the culture of difference. Formally, "Double Dutch" is a pleasant and lively work; not at all extraordinary in this sense, and lacking in any engaging iconography that can be gleaned from the surface of the support. Yet, this formal ordinariness aside, rarely is a work so carefully assembled, every aspect so thoroughly worked out, every element of signification so meticulously articulated, every ramification so clearly calculated and anticipated. As mentioned earlier, Shonibare found his language of difference, the wax print fabric, in Brixton, South London, known for its diverse demography, but even more so as the capital of Black Britain. Although like communities exist in other parts of London and in such other British cities as Birmingham and Manchester, Brixton bears the added exoticism of a transposed tropical bazaar with its bold store-fronts and hand-painted signs, its stocks of so-called "ethnic" foods and culinary accessories, its syncopations and cacophonies that remind the stranger of the complexities and allures of Babel, its costumes and apparels, its myriad skin hues and class complexities. Brixton obviously registers the existence and presence of communities and sensibilities far more complex, and alive, than the *chiaroscuro* of mainstream narratives, yet, on the surface, Brixton is the cliché of otherness, reducible, classifiable, transparent; difference *per excellence*. Where better to identify the marker of his own difference than in this cardboard capital of difference? And how better to do so than to locate it within the heart of the metropolis itself, conceived, manufactured, marketed and consumed? With this choice Shonibare subtly indicated how tenuous is the connection between the otherness in his ancestry, and this piece of British textile mercantilism. The signifier that would denote and inscribe his otherness is, after all, entirely British.

Shonibare's choice of title, itself, clearly indicated that he was engaged in a game, one that he was sufficiently confident he could win because he had come to understand its intricacies and pitfalls. Again, in this regard, one couldn't find a more aptly, more carefully titled work in all of contemporary art. So far most readers have pointed only to the possibility that Shonibare's title, "Double Dutch", must refer to the fact that a brand of the wax-print fabrics that were used in the paintings is known as Dutch wax. However, Shonibare's title resonates with several, more significant meanings. In recent times Double Dutch has come to stand for a high-profile revival of the originally African Diaspora children's game of rope-skipping, a game that was taken to the new world from Africa and for long remained a neighbourhood or front-porch pastime, but now features in international competitions. The rope-skipper stands between two people with a rope between them, sometimes two, and as they repeatedly flip the rope above her head and down again with lightning speed, skips from one foot to the other in order to allow the rope to pass underneath to complete an arc, without getting caught by it. This is repeated several hundred times a minute, each arc completed in a split-second. Rope skipping is a gymnastic game in which nimbleness and agility of body, sight, and mind are requisite. The rope-skipper must not only be visually alert to the point where this becomes instinctive, her mind and body must also work with the lightning speed and rhythm of the rope if she must avoid a terrible fall. Often the rope-skipper faces only in the direction of one of the flippers, from whom she must read her cues, and only with the most acutely honed instincts can she contend with the flipper behind whom she cannot see. Unlike most other games where players are matched, the rope-skipper or Double Dutch player is caught in the middle of things, between the flippers and between the ropes, between the brisk circle of the arc, between standing, jumping, and if not careful or agile, having a bad fall. She is like a chess player who faces two opponents at once, or the lone individual contending with the cyclical turns of establishment and history in a culture of difference. She must skip without stumbling.

Less known to most people today, Double Dutch also refers to a largely extinct language game very much like Pig Latin, popular among young boys in different parts of the West sometime in the 20th century, in which players applied a set of code combinations in order to encrypt their speech. In many cases the code involved the replacement of certain elements of syntax, all consonants in a word, for instance, with a whole word or prefix, such that the original words became not only incomprehensible to the non-initiate but almost unpronounceable, also. In order to speak intelligibly in this idiolect, Double Dutch speakers had to be extremely agile, mentally and verbally, to be able to insert the right letters in all the right places with sufficient speed to form speech. They had to know, almost encyclopaedically, where the requisite consonants or vowels occurred in the spelling of each word, even as they spoke, making this adolescent's pastime one of the most challenging language and mind games possible. Like rope skipping, linguistic Double Dutch was also a performative art, perhaps more cultic and rarefied, in which players had to be smooth with their elocution, carry themselves with the exclusive airs of a high-minded cult, and have flawless command of the diction of their esoteric circle.

In either of its two metaphorical meanings Shonibare's title was a sleight of hand, a reference to cultural acrobatics in which the player is a master of the game. In choosing his title Shonibare announced his entry into the culture game of the metropolis, and indicated his readiness to bring the requisite mental and performative sophistication to the game. He would proffer a fiction of difference, like the devil's hand in a card game, and he would play with the nimble fingers and mind of a master card-player, but ultimately, his winning card would not be from his sheaf of cards, but from his opponent's. Double Dutch.

It is particularly significant that in the history of contemporary British culture, Shonibare is unique because, though he is not alone among Britain's outsider-citizens in submitting to the test of difference, he is nevertheless one of only very few who have engaged and passed this test by consciously offering only a fiction of difference. Among his contemporaries a few other artists come to mind in the past decade or so who have also played the difference card, but did so by not only offering difference, but also believing in the fact of that difference. In the mid nineteen-nineties, another painter, Chris Ofili, quickly rose to fame by making garish, dot-paintings prodded on

"Sun, Sea and Sand", 1995.

balls of elephant dung. Ofili's dot-paintings, very different as they were from his very powerful early paintings, were largely inspired by brief exposure to contemporary Australian aboriginal paintings exhibited in an exhibition called Aratjara at London's Royal Festival Hall complex. His use of elephant dung was in turn inspired by the work of American conceptual artist David Hammons, who had used balls of elephant dung in his own work several years earlier. As part of his narrative of difference, however, Ofili attributed his source of inspiration to a brief trip to Zimbabwe in Africa where he witnessed elephant dung in use. In truth there are no traditions of use of elephant dung in Zimbabwe, but by making this fictitious, exotic connection to Africa, Ofili hoped to, and indeed succeeded in, claiming the distance of difference that was required to grant him allowance within contemporary British art. The less careful reader might find more parallelism than none, between Ofili's fiction of difference, and Shonibare's. On the surface, both artists appear to have outwitted the establishment by playing to the exoticist desires of the metropolis. Both had employed fictitious signifiers, in either case most likely taken from within Europe itself. However a very significant distinction appears when more careful attention is paid to each artist's narratives of their practice. Shonibare makes every effort to remind the viewer that the so-called African fabrics that he introduced to this work with "Double Dutch" is in fact, not African at all, but a pretend marker of exotic distance that was conceived and manufactured outside Africa. As he points out, "African fabric, exotica if you like, is a colonial construction. To the Western eye this excessive patterning (Difference) carries with it codes of African nationalism... a kind of modern African exoticism." Ofili on the other hand has equally made a point of insisting on the authenticity of his trope, the elephant dung, by tying it to Africa, the land of animals where the people venerate animal dung, as the director of the Brooklyn Museum in New York argued in Ofili's defence in 1999 after the painter's work came under attack for profanity and bad taste. While Shonibare's trope of difference is not only transparently fictitious, but also critical of the demand for difference, Ofili's on the other hand claims authenticity in an exercise of self-exoticism that merely reinforces the demand. Ofili reinscribes the fiction of his own otherness without critique.

Ofili's self-emollition finds parallels in other areas of contemporary British culture such as literature. Among England's most celebrated outsider writers, the names of Nobel Laureate V. S. Naipaul and Booker Prize winner Ben Okri quickly come to mind. Naipaul, a Trinidadian of South East Asian descent who went to England in his youth and rose through the ranks of British culture to bring England its only Nobel prize in literature in nearly half a century, equally devoted his career as a writer to the methodical reinscription of fictions of postcolonial rupture and subalternity. Caustic and unsparing in his devastatingly degrading portrayals of all peoples of colour, Naipaul prides himself in having privileged knowledge of the inherent, genetic inferiority of such peoples whom in one of his books he refers to as "slave people". Throughout a long and distinguished career as a postcolonial raconteur in the metropolis, Naipaul has never been able to find a singular redeeming virtue in any society or culture outside Europe, least among his own people. For this, and the impeccable style in which he couches his disdain for his own, Naipaul has earned acceptance and celebration in the West. His fiction of difference is not a critique of the culture game, as was Shonibare's, but rather a wholehearted submission to it. This we find echoed and perpetuated in the writing of Okri, who, like Shonibare, was born in England and raised in Lagos, only to return to England in his youth to settle and practice. Okri abandoned the critique of the metropolis and its culture game very early in his career, to devote himself to narratives of postcolonial chaos and irremediable violence and catastrophe. In his novels and stories, he separated himself and the societies of his ancestry from the theatres of civility, and thus endorsed the fiction of his and their irrevocable difference. In time Okri earned his place among the West's celebrated chroniclers and interpreters of postcolonial maladies.

To find a close parallel to Shonibare's masterful subterfuge in "Double Dutch", one might look to another era and another culture where difference was required of the outsider-citizen as a price for acceptance. In 1927, the young Duke Ellington received a contract to perform with his band at the celebrated, whites-only dance Harlem, New York revue, the Cotton Club. In other to sell the band, his manager, a fellow named Irving Mills, billed Ellington's music as a new form of exotic revelry called Jungle music. Under the guise of this label, however, Ellington who by the way disapproved of the label, was determined to prove to America that not only was the music far from primitive or savage, he as its purveyor was in fact America's most sophisticated and innovative composer of his time. It was while headlining his music at the Cotton Club as "Jungle music" that Ellington composed his first master opus, Black and Tan Fantasy, a complex blues odyssey in which he paid tribute not to the all-white Cotton Club where people of colour could play but could not be served or entertained, but instead to Harlem's mixed-race dance clubs known as Black and Tan, where all the complexity of America could come together and manifest without distance or emphasis on difference. Ellington, so-called king of Jungle music according to the Cotton Club, nevertheless concluded the composition with a quotation from Chopin's Funereal March, which was to prove prophetic with regard to the fate of America at the end of the nineteen-twenties. In composition after composition Ellington paid tribute to the complexity of America and in turn critiqued the jaundice of hierarchizing categories between the races. He strove to prove that his music was America's music, the chronicle and tablature of America's experience and history, and not the music of "others" which came straight out of the jungle. Like Shonibare's "African fabric" nearly a century later, Jungle music was his trope of difference, but with that trope he would consistently and articulately critique the culture of difference.

Having broken the code of the culture game, Shonibare subsequently transformed his use of fabric into a signature, a product identity, again manifesting his sophisticated understanding of the devices of success in the metropolitan culture industry. This signature he has freely applied to the interpretation of a broad gamut of themes that range from his fascination for the figure of the style conscious, smart and conniving outsider of Victorian society, the Dandy, which in itself is quite significant, to reinterpretations of classics of Victorian art, literature and taste. Having earned the liberty to circulate and contemplate within the spaces of the mainstream, which is a unique liberty, indeed, Shonibare quickly moved on from the preoccupation with difference, a theme that in fact, never had priority in his work, and has since ranged from visual essays on science fiction and space travel, to contemplations of communal memory, and in-between. To get to the depth of these works, including Shonibare's reinterpretation of the intellectual romance between the writer Henry James and the Norwegian-American artist, Hendrik C. Andersen, which is the centrepiece of this catalogue and exhibition, will require another occasion and another essay. However, it was "Double Dutch" that made everything possible. In "Double Dutch", his most important work to date, Yinka Shonibare artist broke through the displacing barricades of metropolitan contemporary culture and now is able to claim his place as citizen by saying, I am.

In esilio da qui: l'ultima metamorfosi del dandy
Benedetta Bini

Mr e Mrs Andrews guardano dritto di fronte a sé e sembrano quasi fissare il visitatore con un'aria di tranquilla e astratta sicurezza. Sono uno accanto all'altra, sotto un vecchio albero. Lui è in piedi, un lungo fucile infilato disinvoltamente in un braccio, la mano in tasca: scarpe con la fibbia, calze bianche al ginocchio, una giacca chiara non del tutto abbottonata, il tricorno leggermente di traverso: abiti non formali di un gentiluomo di campagna. Un cane gli è accanto e solleva verso di lui il muso con un'espressione di assoluta domesticità. Il bellissimo abito azzurro di Mrs Andrews copre quasi interamente la panchina su cui è seduta ed e è la macchia di colore più forte del quadro: le scarpine di seta rosa spuntano da sotto l'ampia gonna, una trina delicata copre e rivela al tempo stesso il biancore della scollatura, un nastro è sfuggito dal cappellino da pastorella come allora andava di moda: una giovane coppia conscia del proprio ruolo ma sufficientemente capace di *understatement* da scegliere gli abiti di tutti i giorni per farsi immortalare in quella che diventerà presto una delle *conversation pieces* più significative di un intero secolo. Il paesaggio occupa esattamente la metà del quadro, tanto da esserne protagonista quanto la coppia di sposi: una natura non più idealizzata, ma ripresa invece nella sua addomesticata armonia, i campi ben curati e i covoni di fieno in primo piano alludono a una terra che produce ricchezza, agio, benessere. Esattamente ciò che si legge sul volto dei due sposi. "Mr and Mrs Andrews" è uno dei capolavori di Thomas Gainsborough: commissionato e dipinto nel 1748-1749, esso segna, sulla scia di Hogarth, il definitivo trionfo di uno stile naturalista che vuole rappresentare la contemporaneità. Niente di più sintomatico, forse, della assoluta anonimità del cognome dei due personaggi: non più solo titoli nobiliari a rappresentare il nuovo mondo, ma i borghesissimi Signore e Signora Andrews - che insieme a Robinson Crusoe, Tom Jones, Clarissa Harlowe, Tom Rakewell e tanti ancora andranno a invadere e possedere il grande spazio del realismo settecentesco. "Mr and Mrs Andrews" è in una delle sale più belle della East Wing della National Gallery: di fronte, emblematicamente, ai sei episodi di "Mariage à la mode" di Hogarth. Duecentocinquanta anni dopo, Yinka Shonibare sceglie il quadro di Gainsborough come l'icona da decostruire. I due corpi (tre con il cane) escono dalla unidimensionalità del quadro e diventano un'installazione a grandezza d'uomo: mentre l'impianto del dipinto è riconoscibilissimo, il resto non lo è più: il senso del calco dall'originale è mantenuto e al tempo stesso stravolto nella struttura di fibra di vetro e bronzo che mima l'"artificialità" degli abiti settecenteschi sostituendo però ai delicati toni pastello dell'originale la sgargiante e vitale "naturalità" dei coloratissimi tessuti nigeriani. Ha inizio da qui un momento fertilissimo del lavoro di Shonibare, che proprio in quel periodo comincia a far confluire la propria ricerca sul significato dell'etnicità e del postcolonialismo in una interrogazione sull'intreccio fra classe, cultura, e identità nella società inglese. Questo incontro di due domande dà vita alla infinita ironia della replica da Gainsborough: la stoffa africana, apparentemente "politically correct" ma in realtà frutto di una contaminazione occidentale, crea l'allegro straniamento dell'installazione mentre i corpi privi di un volto ("Mr and Mrs Andrews without their Heads": e la pelle di che colore è?) e dunque, tradizionalmente, di una identità, ribadiscono invece la loro duplice appartenenza: al mondo ordinato ma in realtà brutale della *landed gentry* settecentesca rappresentata nel momento della sua irresistibile ascesa, e a quello di una cultura postcoloniale che con i suoi strumenti impuramente stereotipati ne provoca la ridefinizione. Quasi a dire che l'evidente sberleffo è su entrambe le culture. Che dialogano fra di loro attraverso i reciproci stereotipi. La costruzione culturale gioca con l'identità e l'artificio.

A partire dall'esperimento su Gainsborough si disegna un paradigma di rilettura della grande cultura inglese che Shonibare coglie in alcuni momenti particolarmente significativi dal punto di vista della costruzione del concetto di classe e di identità. Non è un caso, dunque, che nelle installazioni di quegli anni siano i *segni* del mondo vittoriano a essere guardati attraverso la lente deformante del mascheramento etnico: niente più dell'arredo del *corpo* e della *casa* serve a trasmettere il senso tangibile di un progetto di conquista del mondo. In "Gay Victorians" i due manichini senza testa ad altezza naturale esibiscono la sontuosità programmata di un abbigliamento tardo-vittoriano realizzato con i tessuti falsamente autentici della cultura africana, mentre in "The Victorian Philanthropist's Parlour" il sobrio e angusto salottino rispecchia perfettamente la figura che lo abita: se il nome proprio è deliberatamente omesso l'indicazione del ruolo sociale lo identifica come uno dei pilastri dell'ideologia e del costume del tempo. La filantropia, il Grande Antidoto al furore della folla, il Rimedio contro la minaccia della metropoli. Lo spazio vuoto e privo di figure racconta la storia di una doppia e contaminata costruzione ideologica: il salottino perfettamente riprodotto è un richiamo evidente alla mania tutta inglese della "ricostruzione" dello spirito del tempo attraverso la scelta precisa degli oggetti che di tale cultura erano l'emanazione: è il sogno borghese e rassicurante delle "period rooms": solo che qui la carta alle pareti e il *batik* dell'arredo sono quelle, vistose e sguaiate, di una cultura a sua volta contaminata. A guardarla da vicino, si scopre che la stoffa esibisce il disegno di un famoso giocatore di calcio, riprodotto all'infinito.

Non a caso molto del lavoro di Shonibare sembra avere come ideale punto di riferimento quello straordinario repertorio delle arti applicate che è il Victoria & Albert Museum: monumento all'ideologia culturale vittoriana che porta nel nome stesso (mutato da quando era solo il South Kensington Museum) il segno di un progetto sempre più inclusivo di fissazione di un canone del sapere e del gusto: nel nodo matrimoniale una delle più grandi istituzioni dell'impero stringe insieme il nome della grande regina a quello del Principe Consorte, propugnatore infaticabile del gusto eclettico di gran parte del secolo. In questo senso le installazioni di questo artista anglo-nigeriano si riverberano, per noi, anche nell'intenso e profondo lavoro di revisione della cultura vittoriana che ha avuto luogo in Inghilterra negli ultimi vent'anni: esercitando uno sguardo diverso sullo studio di un periodo che per molto tempo ha portato su di sé le stigmate e gli stereotipi di un paio di generazioni successive. Lo sguardo curioso del sapere postmoderno ha portato alla luce una proliferazione di discorsi sulla società, sull'estetica e sulla sessualità che la cultura vittoriana nutriva al suo interno, mentre una accorta operazione di marketing museale dalle infinite diramazioni ha reso infinitamente desiderabili, dopo almeno mezzo secolo di manifesta repulsione, il medioevalismo di William Morris, il classicismo di Frederick Leighton, l'omosessualità di Oscar Wilde. Tre esempi a caso, che fanno riferimento a due grandi mostre al Victoria & Albert Museum e alla Royal Academy of Arts e alla intelligente e profonda rilettura del lavoro e del fenomeno wildiano. La cultura accademica e il consumo di massa hanno, non per la prima volta, percorso una stessa strada, infinitamente seduttiva proprio perché in dialogo costante: che apre a una radicale revisione del canone vittoriano e simultaneamente sul *kitsch* delle riproduzioni di oggetti "in stile" che una catena di negozi come Past Times o interi cataloghi di vendita a domicilio hanno per sempre fissato nella loro innocua e straordinaria leziosità. Esattamente a metà strada, il genio colto e strampalato di Vivienne Westwood, stilista e sapientissima studiosa della storia dell'abito, che riscrive le fonti della moda senza occultarle, anzi esaltandole nel loro aspetto di citazione stravolta. Manciate di esempi a caso, naturalmente, che non possono né vogliono dare conto esauriente della vastità del fenomeno ma che possono forse servire come riferimenti per comprendere il lavoro complesso e infinitamente ironico di Shonibare.

Lo sguardo disincantato con cui Yinka legge la tradizione "alta" della cultura inglese e il modo con cui essa ha costruito la propria identità e celebrato i propri rituali (la caccia alla volpe di "Hound" ne è un'evocazione perfetta) si fonde con il piacere di raccontare una storia (ma anche la Storia), cambiando a essa di segno. Dunque, non solo l'*icona* rappresentata da Mr and Mrs Andrews, ma anche un *destino* emblematico narrato attraverso una serie di episodi cruciali nella vita di un personaggio. Ciò che cattura l'immaginazione di Shonibare più di altro sono le figure maschili che hanno agito come momenti di sovversione all'interno della grande cultura borghese sette- e ottocentesca: figure che diventeranno mito, come il *libertino*: Rakewell nel "Rake's Progress" di Hogarth, ma anche, in modo più perverso e profondo, il Lovelace di Samuel Richardson nelle pagine di *Clarissa*. Il libertino è una figura del tramonto, il giovane aristocratico perverso-polimorfo che portando all'estremo la violazione dei codici della sua classe si pone come antagonista di mondo borghese che finirà per sopraffarlo: una strategia di resistenza ai codici che Richardson racconta nelle più di mille pagine del suo romanzo attraverso il desiderio ossessionato di Lovelace per il corpo di Clarissa; e che Hogarth narra attraverso le sette magnifiche tavole che scandiscono l'ascesa e la caduta di Tom Rakewell. La "storia esemplare" si declina attraverso corpi, luoghi, interni, esterni, giorni, notti. È questa passione del raccontare per episodi che sembra essersi accesa per Shonibare davanti a Hogarth, e che egli ha poi esercitato sull'altra, ultima e forse più inquietante, figura di trasgressione che è il *dandy* ottocentesco: in carne e ossa, e nella finzione romanzesca. Dall'incontro di questi due momenti nasce la serie di installazioni che già porta nel titolo il progetto di decostruzione ironica di quei concetti di classe, iden-

"Mr and Mrs Andrews without their Heads", 1998.
Thomas Gainsborough, "Mr and Mrs Andrews",
1748-1749. The National Gallery, Londra.

tità, travestimento, che presiedono alla nascita del *dandy* e che affascinano Shonibare: l'identità (etnica, cultura-le, sociale) si declina nei cinque momenti della giornata dell'anonimo giovin signore, dal risveglio alle prime luci dell'alba. Il titolo, "Diary of a Victorian Dandy", replica inconsapevole di un piccolo articolo di cartoleria *camp*, molto popolare negli anni ottanta, che si chiamava, appunto, *Diary of a Victorian Lady*. Al tempo stesso agisce l'influenza di Hogarth: ma quella che nel grande pittore della misantropia era la raffigurazione di una vita intera scandita in sette cornici si restringe qui in un'unica, esemplare giornata. Come quella di Leopold Bloom e di Stephen Dedalus nell'*Ulisse* joyciano, come quella di Clarissa Dalloway nelle pagine di Virginia Woolf. Basta un giorno per descrivere una vita: perché in esso sono comunque racchiusi i rituali che le danno forma e significato. In questo caso però non è la *Dutch wax* africana a provocare un immediato effetto di straniamento quanto piut-tosto un dispositivo ironico, forse ancor più sofisticato, tutto interno alla storia. Gli ambienti perfettamente rico-struiti di un agiato interno vittoriano sono a loro volta una perfetta replica di quelli che affascinano le migliaia di visitatori del Geffrye Museum o del Madame Tussaud's: in essi, *tableaux vivants* doppiamente raggelati dalla riproduzione fotografica, si dispongono una serie di personaggi i cui abiti sono anch'essi una copia perfetta del costume dell'epoca. Al centro di ognuno dei "quadri" si staglia la figura del protagonista, Shonibare stesso: la pelle nerissima e un corpo affusolato ma lievemente distorto da un'antica malattia *segnano* inequivocabilmente il dispositivo di distanziamento parodico e di revisione del codice del *dandy*: l'ultima figura che mette in atto una strategia di resistenza alla prosa del mondo con la propria identità contraffatta, necessariamente non-autentica. Figura della malinconia e dell'artificio che si replica in quella, necessariamente provocatoria, dell'uomo nero e per di più artista che con la sola presenza del suo corpo diverso e del tutto incongruo accende il corto circuito del *senso* profondo di questa revisione: indicando anche - implicitamente - il dialogo fra l'esilio del *dandy* e quello del-l'artista postcoloniale, per sempre lontano da una identità che nasce già costruita e contraffatta.

Per quanto di straordinaria intensità, i cinque quadri fotografici del "Diary of a Victorian Dandy" - uno dei quali fu per qualche mese un *poster* elegante e provocatorio nella metropolitana di Londra - non hanno esaurito la rifles-sione di Shonibare su classe, identità, contraffazione, desiderio. Esiste un segno di grande continuità che par-tendo dal lavoro su Gainsborough, rielabora questi temi attraverso i molteplici manichini in costume vittoriano - tutti rigorosamente senza testa - e infine si articola nelle sempre più sofisticate installazioni successive. Shonibare ha vissuto fra Londra dove è nato e la Nigeria: è un artista nero che tiene in sé il difficile equilibrio fra due iden-tità e che osserva entrambe con uno sguardo disincantato ma non cinico. Nella cultura inglese di fine secolo egli trova un terreno particolarmente fertile per il proprio lavoro di revisione dei codici su cui ogni cultura si costrui-sce, e nel *dandy* borghese quel corto circuito fra personaggio della realtà e figura della finzione che dà *corpo* al senso di un perenne sdoppiamento.

Nella ultima installazione esposta alla Stephen Friedman Gallery di Londra nel 2001, la revisione al *dandy* si fa esplicita ed estrema. Le dodici grandi fotografie ispirate alla versione cinematografica del *Ritratto di Dorian Gray* del 1945 per la regia di Albert Lewin (che qualche anno dopo avrebbe firmato anche *Il vaso di Pandora*) non solo puntano direttamente all'archetipo romanzesco ma di esso, del suo autore e del regista, si declinano come una riscrittura che mettendo di nuovo in gioco alcuni nodi cruciali della cultura inglese si trasforma in una ulteriore interrogazione sul significato dell'identità. Come solo poteva essere un prodotto americano dell'immediato dopo-guerra, il film è una falsificazione dall'originale, che perde necessariamente la magnifica complessità del roman-zo ma che acquista attraverso queste metamorfosi una dimensione *camp* particolarmente suggestiva. La storia è stata smussata eliminando qualsiasi allusione seppur subliminale all'omosessualità del protagonista e introdu-cendo una fidanzata frigida e fedele: gli interni sono uno straordinario *pastiche* di stili, il bellissimo Dorian del romanzo ha qui la faccia ferma e bianca di un manichino, Sybil Vane non è la giovane attrice shakespeariana che rinunciando all'arte per la vita perderà Dorian, ma una cantante di romanze che il protagonista sottopone alla prova d'amore per poi allontanarla da sé. Proprio per questo la "normalizzazione" della storia si propone come un palin-sensto già contraffatto su cui riscrivere per l'ennesima volta la favola crudele e magnifica che ci incanta da più di cento anni. E che incanta Shonibare come ultima tappa di quella rilettura di motivi forti della cultura alta partita dalla lettura di Gainsborough e che trova in Dorian non più un anonimo "Victorian Dandy", ma un compiuto per-sonaggio romanzesco, il cui autore pagò sulla propria pelle irlandese e bianchissima il prezzo di una diversa iden-tità di uomo, critico e artista.

L'operazione di Shonibare è saggiamente e radicalmente provocatoria. Della versione cinematografica egli man-tiene lo scheletro, per così dire. Ognuna delle sue installazioni riproduce perfettamente una inquadratura del film: identica è la disposizione dei personaggi nella scena e la loro postura, verosimile la somiglianza con l'originale (quale?). Identico l'abbigliamento. Identica la scelta del bianco e nero, tranne per l'inquadratura in cui il ritratto di Dorian, deformato in un mascherone ghignante, è reso a colori, esattamente come nella versione del film. È dun-que, in tutti i sensi, una *citazione*. Grande fabulatore, Yinka estrae dal testo dodici momenti fatali della storia: ognuno vale di per sé, ma serve a ricostruire il mosaico complessivo dell'opera. Solo che in ognuno di essi la figu-

William Hogarth, "La carriera di un libertino", 1735.
II. La "Levée del libertino". Soane's Museum, Londra.

William Hogarth, "La carriera di un libertino", 1735.
III. Scena in una bettola. Soane's Museum, Londra.

ra del protagonista è sostituita da quella di Shonibare in persona: una *mise en abîme* che di nuovo rimanda al corpo ed esibisce nella sua necessaria elementarità il conflitto fra due culture e due colori. Come l'avorio di Kurtz e il nero di un continente inesplorato nel *Cuore di tenebra* conradiano. Elegantissimo e leggermente curvo nel suo costume tardo-vittoriano, l'artista nero dalle doppie radici irrompe nella cornice, prende il posto di Dorian e scompagina immediatamente il significato della storia. La provocazione corre lungo l'impianto di ognuna delle scene, riconfigura l'interrogazione sull'identità proposta da Wilde e la muta in una *nuova storia* e in una *nuova domanda*: come in "Mr e Mrs Andrews". Il narcisismo di Dorian trasformato in *dandy* dalle parole di Lord Henry si confonde qui con il narcisismo di Shonibare l'artista, la cui figura cattura lo sguardo e costringe a ricomporre in una sola immagine il senso inevitabilmente duplice di ognuno degli episodi. Che giocano con i corpi, alternando interni ed esterni, riprendendo e cambiando di segno all'intero impianto della narrazione. Fin dall'inizio, in cui due eleganti ritratti seicenteschi fanno da sfondo alle figure del pittore Basil Hallward e di Lord Henry Wotton: ma è il ritratto del nero Dorian, deliberatamente fuori misura, a dirottare lo sguardo. E così, di seguito, la serie di incontri pubblici e privati che costellano la vita del protagonista è riprodotta con ironica e malinconica perfidia: il *dandy* che esplora i luoghi contaminati della metropoli, come è sua natura, imbattendosi nella bianca purezza di Sybil Vane in un teatrino dell'East End; il *dandy* che al tempo stesso celebra i riti *upper class* della passeggiata nel parco o della caccia; il *dandy* che nella nebbia incontra Basil per poi pugnalarlo nel segreto della soffitta. Forse, soprattutto, il *dandy* di fronte al suo doppio: riflesso nello specchio in cui contempla la propria identità inesorabilmente trasformata. È in questo momento che i due testi, quello di Wilde e quello di Shonibare, dialogano con maggiore intensità e si scrivono l'uno sull'altro. È sempre qui che il *dandy* borghese senza radici e senza storia, che contempla con disincanto i riti e i feticci di una classe che non è la sua, isolato dal mondo eppure perennemente promiscuo, amante dell'artificio e della contraffazione, si incarna, nell'ultima delle sue metamorfosi, nel suo doppio: elegantemente sovversivo quanto sapientemente e per sempre in esilio da qui.

"Diary of a Victorian Dandy: 11.00 hours", 1998.

"Diary of a Victorian Dandy: 14.00 hours", 1998.

"Diary of a Victorian Dandy: 17.00 hours", 1998.

"Diary of a Victorian Dandy: 19.00 hours", 1998.

"Diary of a Victorian Dandy: 03.00 hours", 1998.

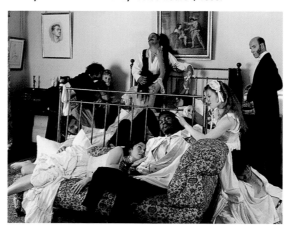

In Exile from Here: the Dandy's Latest Metamorphosis
Benedetta Bini

Mr and Mrs Andrews look straight out in front of them and seem to stare at the visitor with an air of calm and abstract self-assurance. They are close to each other, under an old tree. He is standing, with a long rifle nonchalantly held over his arm and his hand in his pocket. He is wearing buckled shoes, white socks up to his knees, a light-coloured jacket not fully buttoned up, and a three-cornered hat slightly askew. This is the non-formal attire of a country gentleman. Next to him stands a dog looking up with an expression of absolute tameness. Mrs Andrews' stunning blue dress almost completely covers the bench she is sitting on and provides the main splash of colour in the painting. Her minute pink silk shoes peep out from under her wide skirt, a delicate lace trim conceals, and at the same time reveals, her pale décolletage. A ribbon has escaped from her broad-brimmed straw hat, as was the fashion in those days. Here we have a young couple fully aware of their place in society, but with the right dose of understatement to choose everyday clothes for the portrait which would confer enduring fame upon them in one of the most significant conversation pieces of an entire century. The landscape takes up exactly half the painting, giving it the same degree of importance as the married couple: the nature we see is not idealised, but portrayed in all its tamed harmony. The fields are well tended and the sheaves of hay in the foreground suggest that this is a land that produces wealth, well-being and comfort. Exactly what one can read in the faces of the couple. "Mr and Mrs Andrews" is one of Thomas Gainsborough's greatest masterpieces: commissioned and painted in 1748-1749, it follows in the wake of Hogarth and represents the definitive triumph of a naturalist and highly modern style. Nothing could give a clearer indication of this than the absolute anonymity of the sitters' surname: no longer are there only aristocratic names in the new world, for now we see quintessentially middle-class names such as Andrews, together with Robinson Crusoe, Tom Jones, Clarissa Harlowe, Tom Rakewell and a host of others, invading and taking over the great open space of Eighteenth-century realism. "Mr and Mrs Andrews" is housed in one of the loveliest halls of the East Wing of the National Gallery: significantly, it is placed opposite the six episodes of Hogarth's "Mariage à la mode". Two hundred and fifty years later, Yinka Shonibare has chosen Gainsborough's work as an icon to deconstruct. The two bodies (three, with the dog) emerge from their single dimension and become a life-size installation: while the structure of the painting is intact, the rest has gone. The idea of its being a cast of the original has been maintained and yet turned on its head in the fibreglass and bronze structure which mimics the "artificiality" of the eighteenth-century clothes, while replacing the delicate pastel tones of the original with the gaudy and forceful naturalness of highly coloured Nigerian fabrics. This marked the beginning of an extremely fertile period in Shonibare's work who then began to concentrate his studies on the meaning of ethnicity and post-colonialism in an inquiry into the interrelationships between class, culture and identity in English society. The encounter between these two investigations led to the infinite irony of the Gainsborough replica: the African fabric, so apparently *politically correct*, but in actual fact the result of Western contamination, gives the installation its cheerful alienation ("Mr and Mrs Andrews without their Heads": what is the colour of their skin?) and thus, traditionally, bodies without an identity. However, they reaffirm their dual affiliation: to the ordered but actually brutal world of 18th-century *landed gentry* as they continued their irresistible rise, and that of a post-colonial culture which, with its impure, stereotyped means, forces it to be reassessed. Almost as though his evident jeering is aimed at both cultures - which nevertheless maintain their dialogue through their respective stereotypes. Cultural construction plays on identity and contrivances.

From the Gainsborough experiment on started a process of re-reading of high British culture, which Shonibare captures in some moments which are particularly significant from the point of view of building up the concept of class and identity. It is thus no mere chance, therefore, that the installations of those years contain the signs of the Victorian world, now seen through the distorting lens of an ethnic mask: nothing better than the *body* and the *home* help convey the tangible sense of a project for conquering the world. In "Gay Victorians", the two life-size, headless mannequins exhibit all the planned sumptuousness of late-Victorian fashion through the falsely authentic fabrics of African culture, while in "The Victorian Philanthropist's Parlour", the restrained and cramped parlour gives a perfect idea of the person who inhabits it. While the name is deliberately omitted, the indication of social class identifies the person as a pillar of the ideology and customs of those times. Philanthropy: the Great Antidote to the fury of the masses, the Remedy against the menace of the metropolis. The empty space is devoid of figures and relates the story of a dual and contaminated ideological construction. The impeccably reproduced parlour is a clear reference to the typically English mania for "reconstructing" the spirit of the age through a scholarly choice of objects which were the natural product of that culture: it's the bourgeois and reassuring "period rooms" dream. It is just that here the wallpaper and the *batik* of the furnishing are the loud and coarse elements of a now contaminated culture. Taking a closer look, one discovers that the fabric contains the drawing of a famous football player, endlessly reproduced.

It is hardly surprising that Shonibare's work should seem to start ideally from the superb repertoire of decorative arts housed in the Victoria & Albert Museum: a monument to Victorian cultural ideology whose very name (changed from simply the "South Kensington Museum") contains the imprint of a project which increasingly established a canon of taste and knowledge. One of the greatest institutions of the empire bound the name of the great queen and that of the prince consort, the untiring champion of the eclectic style of the greater part of the century. From this point of view, the installations of this Anglo-Nigerian artist have their place in the intense and profound reassessment of Victorian culture which has been taking place in Britain over the past twenty years And which takes a different approach to the study of a period which has long borne the stigmata and stereotypes of a couple of generations. The curiosity of our post-modern eye has led to a proliferation of discourses on the society, aesthetic criteria and sexuality which Victorian culture nurtured within itself: at the same time, a shrewd and multifaceted marketing operation carried out by museums has made William Morris's medievalism, Frederick Leighton's classicism and Oscar Wilde's homosexuality highly desirable, after at least half a century of manifest abhorrence. These are only three random examples, taken from two great exhibitions at the Victoria & Albert Museum and the Royal Academy of Arts, and from the intelligent and close examination of all that constitutes the Wilde phenomenon. Not for the first time, academic culture and mass consumption have followed along the same lines in a highly seductive manner, precisely because they have never lost contact one with the other. The route they have taken has led to a radical reassessment of Victorian principles and even to kitsch reproductions of "period" objects, which a chain of stores like Past Times or entire mail-order catalogues have established forever with innocuous and extraordinary affectedness. Exactly midway, the cultured and outlandish genius of Vivienne Westwood, a designer and extremely knowledgeable scholar of fashion history, has rewritten the sources of fashion without concealing them. Indeed, she has exalted them as distorted quotations. These are but a few random examples, of course, which can by no means be considered as explanations for the extent of the phenomenon, but which may help us understand the complex and infinitely ironic work of Shonibare.

The disenchanted eye with which Yinka reads the great tradition of English culture and the way in which it built its own identity and celebrated its own rituals (the foxhunting in "Hound" is a perfect example) is combined with the pleasure of telling a story (and, simultaneously, History), changing the nature of its sign. So, not only the *icon* of Mr and Mrs Andrews but also an emblematic *destiny* narrated through a series of crucial episodes in the life of a personality. Shonibare's imagination is caught more than anything by those male figures which acted as figures of subversion from within the great middle-class culture of the 18th and 19th centuries. Figures which were to become myths, like: the *libertine*: Rakewell in "The Rake's Progress" by Hogarth or, in a more profound and perverse way, Samuel Richardson's Lovelace in the pages of *Clarissa*. The libertine is a figure of twilight, the young perverse-polymorphous aristocrat who, by taking violation of the codes of his class to the extreme, becomes the antagonist of a bourgeois world which ended up by overpowering him: a strategy for resisting the codes which Richardson relates in more than a thousand pages of his novel through the obsessive desire of Lovelace for Clarissa's body, and which Hogarth explains in the seven magnificent pictures which celebrate the rise and fall of Tom Rakewell. This "exemplary story" covers a series of bodies, places, interiors, exteriors, days, and nights. It is this passion for telling a story in episodes which Hogarth appears to have kindled in Shonibare, and which he then applied to another, final and possibly even more disturbing figure of transgression: the 19th-century dandy. Both in flesh and blood, and in fiction. The encounter between these two elements has led to the series of photographs which in their very title contain the ironic deconstruction of that concept of class, identity and disguise which accompany the birth of the dandy and which so fascinate Shonibare. The identity (ethnic, cultural and social) comes out in five moments of the day of a young gentleman, starting with his waking as dawn breaks. The title "Diary of a Victorian Dandy" is an unconscious response to a little camp stationery article, very popular in the 1980s, which went by the name of *Diary of a Victorian Lady*. At the same time, Hogarth has his influence, but whereas the great painter of misanthropy related an entire life in seven frames, here we have a single, exemplary day. Like that of Leopold Bloom and Stephen Dedalus in Joyce's *Ulysses*, like that of Clarissa Dalloway in the pages of Virginia Woolf. One day is all it takes to describe a life: it contains all the rituals which give it shape and meaning. In this case, however, it is not the African Dutch wax which provokes an immediate effect of estrangement, but rather an ironic device - which is possibly even more sophisticated - inside the whole story. The perfectly reconstructed environments of a comfortable Victorian interior are in turn a perfect replica of those that fascinate hordes of visitors to the Geffrye Museum or Madame Tussaud's in which the *tableaux vivants*, doubly chilled by photographic reproduction, contain a series of characters whose clothes are the per-

fect copy of period costume. The protagonist, Shonibare himself, stands out in the centre of each "picture": his pitch-black skin and tapering body, slightly distorted by a disease in youth, make their unmistakable mark on a device for parodial detachment and a new view of the code of the dandy, the last figure to adopt a strategy for resisting the prose of the world with his own counterfeit - but not necessarily non-authentic - identity. This is a figure of melancholy and artifice, which is replicated in the necessarily provocative figure of the black man - and an artist to boot - whose body alone suffices with its difference and incongruity to create a short-circuit in the more profound sense of this reassessment. It also implicitly points to the dialogue between the exile of the dandy and that of the post-colonial artist, who is always far removed from an identity which is created already constructed and counterfeit.

For all their extraordinary intensity, the five photographic pictures of the "Diary of a Victorian Dandy", one of which was used as an elegant and provocative poster on the London Underground, are not the last word on Shonibare's considerations about class, identity, counterfeiting and desire. There is a long and continuous line which starts from Gainsborough's work and reformulates these issues using a multitude of mannequins in Victorian costume - all strictly headless - and ends up in the increasingly sophisticated installations which came later. Shonibare has lived both in London, where he was born, and in Nigeria: he is a black artist who manages to maintain his two identities in equilibrium and who observes both of them in a disenchanted and yet never cynical manner. He found a particularly fertile ground for his attempt to reassess the codes on which each culture is based in late 20th-century British culture and in the bourgeois dandy, that short-circuit between the real person and the fictional figure which gives body to a sense of perennial schizophrenia.

In his latest installation, exhibited in 2001 at the Stephen Friedman Gallery in London, the reassessment of the dandy becomes explicit and extreme. The twelve large-format photographs inspired by the 1945 film taken from the *Portrait of Dorian Gray*, directed by Albert Lewin (who was to make *Pandora's Box* a few years later) not only focus directly on the fictional archetype but also rewrite the film and simultaneously its author and the director, reassessing some of the most crucial nodes of British culture and becoming yet another investigation into the meaning of identity. As might be expected from an American product of the immediate postwar period, the film falsifies the original, and naturally loses the magnificent complexity of the novel. And yet this metamorphosis enables it to acquire a particularly evocative and camp dimension. The story has been cleansed of the slightest, even subliminal allusion to the homosexuality of the main character and introduces a frigid and faithful fiancée: the interiors are an extraordinary pastiche of styles, the wonderfully handsome Dorian of the novel has been given the pale, immobile face of a mannequin, Sibyl Vane is no longer the young Shakespearean actress who, giving up art for life, is destined to lose her man. She is now a ballad-singer whom Dorian subjects to a test of love and then rejects. It is precisely this "normalisation" of the story which provides a counterfeit palimpsest on which to write the umpteenth cruel and yet magnificent fable which has mesmerised us for over a hundred years. It mesmerises Shonibare as well, as the last stage of that reassessment of the most powerful motifs of high culture which started with the interpretation of Gainsborough and which, in Dorian, discovers a no-longer anonymous "Victorian Dandy" but a fully fledged fictional character, whose author with his ultra-white Irish skin paid the price for his diverse identity as a man, critic and artist.

Shonibare's operation is wisely and radically provocative. He has kept, untouched, the skeleton of the film version. Each of his installations is the perfect reproduction of a particular scene: the characters are arranged identically and their pose is identical, as is their clothing. They also closely resemble the original (which one?). The choice of black and white is identical, except for the scene in which the portrait of Dorian, deformed by a smirking mask, is in colour, as in the film version. So it is, in every sense, a *quotation*. A great yarn-spinner, Yinka extracts twelve decisive moments from the story: each one stands on its own but also helps reconstruct the overall mosaic of the work. It is just that the figure of the main character is replaced by Shonibare himself in each scene. This *mise en abîme* once again makes reference to the body and displays the conflict between two cultures and colours in all its most basic essence. Like the ivory-white of Kurtz and the blackness of the unexplored continent in Conrad's *Heart of Darkness*. Supremely elegant and slightly curved in his late-Victorian costume, the black artist with twin roots breaks into the frame, takes the place of Dorian and immediately upsets the meaning of the story. Provocation is built into the structure of each scene, reconfiguring the inquiry into identity put forward by Wilde, and changing it into a *new story* and a *new question*: just as in "Mr and Mrs Andrews". The narcissism of Dorian, transformed into a dandy by the words of Lord Henry, is confused with the narcissism of Shonibare the artist, whose face captures the eye and forces the inevitably dual sense of each episode to be recomposed. The episodes play with the bodies, alternating interiors and exteriors, taking up and changing the concept of the entire structure of the story. Right from the start, when two elegant 17th-century portraits form the background for the painter Basil Hallward and Lord Henry Wotton: but it is the portrait of the black Dorian, deliberately out of proportion, which really distracts the eye. And so a series of public and private meetings which intersperse the life of the protagonist are later reproduced with ironic and melancholic malice: the dandy who customarily explores the contaminated locations of the metropolis comes up against the white purity of Sybil Vane in a little theatre in the East End. The dandy who at the same time celebrates the rites of the upper classes with his walk in the park and his hunting. The dandy who meets Basil in the fog and then stabs him in the secrecy of his attic. Perhaps, more than anything, the dandy opposite his double: reflected in the mirror, contemplating his irremediably transformed identity. This is the moment when the two texts - Wilde's and Shonibare's - establish a dialogue of the greatest intensity and write themselves one upon the other. And here again the middle-class dandy, without roots and without history, disenchantedly contemplates the rituals and fetishes of a class he does not belong to. He is isolated from the world and yet perennially promiscuous, a lover of artifice and counterfeiting, epitomising his double in his latest metamorphosis: as elegantly subversive as cleverly, and for ever, in exile from here.

"Hound", 2000.

Opere in mostra / Exhibited works

"Dorian Gray", 2001.

"Three Graces", 2001.

Villa Helene, in via Pasquale Stanislao Mancini a Roma.

"Scene di conversazione", in un interno
Elena di Majo

Elena di Majo

I DUE DANDIES, HENDRIK CHRISTIAN ANDERSEN E HENRY JAMES, COME APPARIVANO

Il giovane scultore americano Hendrik Christian Andersen (Bergen, 1872 - Roma, 1940), di modesta famiglia norvegese emigrata negli Stati Uniti poco dopo la sua nascita, e il maturo scrittore, anch'egli americano, Henry James (New York, 1843 - Londra, 1916) si conoscono in un bel pomeriggio di giugno del 1899 a Roma, sulla terrazza del cinquecentesco Palazzo Rusticucci in Borgo, vicino San Pietro, in casa di altri due anglo-americani, il pittore John Elliott e sua moglie Maud Howe, giornalista e scrittrice. Quella stessa "vecchia Roma dorata - ricorderà molti anni dopo la Howe Elliott - il cui fascino già dalla metà dell'Ottocento aveva colpito fortemente i pittori, gli scultori e i poeti, uomini e donne affamati di bellezza e in fuga dal rigido puritanesimo del New England..." La terrazza dove avviene l'incontro è la medesima, dalla vista sublime e piena di vasi di fiori, che si riconosce nel delicato disegno della pittrice americana Mabel Norman, grande amica di Andersen, e che è riprodotto nel libro di ricordi della Howe Elliott, *Roma beata*, pubblicato a Boston nel 1904. Della scrittrice, Andersen ha lasciato due severi e penetranti ritratti a matita.

A Roma dalla fine del 1896, Hendrik Andersen si era sistemato in un piccolo studio di via Margutta, che egli stesso ci descrive come freddo e umido. Qui, sotto la profonda suggestione dell'arte antica e rinascimentale, cerca di dar forma a un suo proprio monumentale linguaggio simbolico, senza tralasciare una più puntuale indagine ritrattistica in grandi fogli a matita e in sculture a mezzo busto. Proprio una di queste, il busto in terracotta del ragazzo Alberto Bevilacqua Lazise, attira l'attenzione di James in visita allo studio del nuovo, giovane amico subito dopo il loro primo incontro dagli Elliott. Acquistato dallo scrittore per la sua dimora di Lamb House a Rye nel Sussex, il busto costituirà a lungo il segno tangibile del legame fra i due, un metaforico *go-between* amoroso. "Sono felice dal profondo del cuore di possederlo... È così vivo, così umano, così devoto e socievole e curioso che prevedo mi starà vicino per tutta la vita. Prode piccolo Bevilacqua e ancor più prode grande Maestro Andersen!" scrive James nella prima delle settantasette lettere che nel corso degli anni, dal 1899 al 1915, invierà al suo *dear boy Hans*; e ancora: "Continuo ad avere lunghe conversazioni su di te con il piccolo Bevilacqua e ci aiutiamo l'un l'altro a tirare avanti".

Al suo arrivo a Roma, Hendrik non ci aveva messo molto "a familiarizzare con la nuova città né con molti dei suoi abitanti che riteneva utile conoscere. Aveva occhi acuti per scoprire cosa gli interessava imparare, e grazie alla sua personalità non aveva nessuna difficoltà a farsi degli amici. Non c'era in lui ombra di timidezza ma nemmeno era di quelli che si faceva avanti. Era infatti privo di ostentazione, allegro e nello stesso tempo serio... Nell'aspetto era molto affascinante, alto, slanciato, con le spalle larghe. Ogni linea del corpo e del viso emanava energia, il profilo aquilino e gli angoli della bocca denotavano decisione. Non c'era insicurezza nel suo sguardo, ma una chiara franchezza che attirava la gente verso di lui. Il pericolo era quello che la sua personalità attraesse a tal punto da indurre gli altri a cercare di distoglierlo dalla concentrazione necessaria allo scopo che si era prefisso. Ma quelli che cercavano di farlo, tratti in inganno dalla sua espressione

Museo Hendrik C. Andersen, interno dello studio con il busto di Henry James e il ritratto di Hendrik dipinto dal fratello Andreas (fotografia Edoardo Montaina).

così mite e dai suoi modi aperti, trovavano più difficoltà di quanto avevano previsto". Tali specialissime doti - così ben descritte da Olivia Cushing, la vedova americana di Andreas, fratello maggiore di Hendrik, e che con quest'ultimo trascorse la sua vita a Roma dopo la precoce morte del marito a Boston - non soggiogarono soltanto James. Affascinarono certamente l'aristocratico inglese Ronald Gower duca di Sutherland, scultore e letterato, instancabile viaggiatore e brillante uomo di mondo, che fu sul punto di adottarlo e farlo erede dei suoi ricchi possedimenti; e forse anche il noto critico Arthur Symons, raffinato adepto della cultura simbolista e decadente; ed Ernest Hobson, eterno malato di tisi, sensibile cultore dell'arte antica e rinascimentale; e ancora Michael Stillman, figlio di William James Stillman, scrittore e diplomatico e della bellissima Maria Spartali, modella dei pittori preraffaelliti; e il barone Harild Rosencratz, console di Danimarca e scultore. Di tutti costoro si conservano nel Museo i vividi ritratti che Andersen disegnò verso la fine del secolo in occasione dei loro soggiorni italiani.

Dopo quel primo incontro romano con James nel giugno 1899, pochi altri ne seguirono: nell'agosto dello stesso anno, nel dicembre 1900, nel settembre 1901 e nell'ottobre 1903 nella casa dello scrittore a Rye, poi nel luglio 1905 a Boston e Newport, infine nel maggio 1907 a Roma. Lettere e fotografie sopperiscono alla lontananza. Scrive James: "La verità è, caro ragazzo, che le nostre lettere sono piccoli grandiosi momenti, piccole *bellissime feste*, per noi, e che abbiamo la saggezza di non aspettarci che ci sia *ogni* settimana una festa..." E, consapevole della sua scarsa prestanza fisica, in cambio delle rare immagini che invia di sé ("Accludo una mia misera e minuscola foto kodak con *mio* fratello. Lui è magro ed è cambiato ed io sono grasso e *senza barba*!" o "Come ricompensa avrai una fotografia del tuo povero vecchio me...", o ancora : "Intanto ti mando un mio ritratto un po' squallido. Tienilo, in ogni modo, davanti a te..."), si estasia davanti al giovanile splendore di Hendrik, ora come "bandito barbuto, molto affascinante malgrado l'aspetto selvaggio", ora nelle dolci istantanee dei "gruppi della villeggiatura" ("Così amorevole e palpabile... di te come sei nella vita comune!"), ora nella foto con il coniglio ("Scruto il bel volto affaticato alla ricerca di segni rassicuranti e veritieri: sei così bello... che spero soltanto tu sia esente da mali fisici") o in quella incantevole immagine con il fucile in spalla, dove sembra "dritto e forte e formidabile e valido; per la qual cosa le Potenze - chiunque siano - siano lodate". Insomma, tutte immagini che parlano a James di salute, energia e forza.

L'ultimo incontro avviene a Roma nel maggio 1907. James alloggia all'Hotel de Russie in via del Babuino e Hendrik ha un nuovo ampio studio alla Passeggiata di Ripetta e abita proprio lì accanto in una bella casa d'affitto in piazza del Popolo, con la madre Helene, Olivia Cushing e Lucia, la ragazza di casa, che scatta le foto a ricordo di quelle felici ore romane. "Per favore ringrazia Lucia per tutta la sua fatica con così tante delle mie brutte immagini. No, non vengo bene - e non è colpa sua, o tua... o di null'altro se non del mio muso orribile e intrattabile. Il tuo muso, carissimo Hendrik, è assai più dolce e splende come argento accanto al peltro". E la sordità del peltro avrà anche il busto-ritratto nel quale Hendrik effigia in questa occasione l'amico ("La mia povera vecchia testa dormigliona", dirà James, "...in un torreggiante monumento"). Le romantiche giornate di quel soggiorno - "L'Italia, Roma, tu e il fresco studio sotto le arcate e il busto che lentamente cominciava a respirare, il sottile Ettore e le chiacchiere degli altri *modelli*, e le miti sessioni da Aragno, e soprattutto quella meravigliosa cena della mia ultima sera sulla terrazza, indimenticabilmente dolce nella fresca e gloriosa sera romana" - diventano presto, "malgrado la loro recente vicinanza, distanti e indistinte e favolose", e l'ammirazione di James per la bellezza, la gioventù e la grandiosità di intenti di quell'impavido sacerdote dell'arte si trasformano negli anni in una critica severa e accorata delle sue opere e di tutt'intera la sua enfatica visione del mondo.

Ma le loro immagini, fissate nelle misere vecchie kodak-ricordo o nelle seduttive trasfigurazioni di un grande artista d'oggi che lavora sull'ambiguo rapporto concettuale fra identità culturale e identità *tout court*, rimangono a testimoniare nel tempo l'essenza di una intesa fascinatoria fra due irriducibili diversità.

Le "Tre Grazie": Helene, Olivia, Lucia, e la loro missione

Una delle tre è la cronista e l'interprete. Nel suo diario, le presenze di coloro che la vita le ha messo accanto entrano ed escono con le loro spiccate individualità ad animare una scena dominata dalla fortissima tensione spirituale della protagonista.

Olivia Cushing (Newport, 1872 - Roma, 1917) impara da subito a registrare, facendone oggetto di riflessione, gli eventi della sua esistenza di ricca ragazza alto borghese del New England: dalla esclusiva educazione letteraria e artistica alla frequentazione di teatri, musei e concerti, agli incontri mondani, ai ripetuti viaggi in Europa. Poco dopo i vent'anni, il fidanzamento con Andreas Andersen, giovane e promettente pittore di tutt'altra estrazione sociale, la aiuta a uscire dai formalismi del suo ambiente per inseguire un sogno di libera espressione dei sentimenti e ricercare il senso profondo del proprio essere nel mondo. Ma solo in seguito alla morte di Andreas nel febbraio 1902, un mese dopo le nozze, e alla dolorosa decisione di abbandonare le case di Newport e Boston per trasferirsi a Roma accanto al cognato Hendrik e alla suocera Helene, le si rivela la missione da compiere: la dedizione di anima, corpo e beni materiali a Hendrik e ai visionari progetti nei quali egli riversa la sua inesauribile energia di artista e "profeta" di una nuova umanità, e al contempo la scrittura dei suoi drammi biblici intesi a riflettere la medesima concezione della natura e della storia come flusso ininterrotto dell'infinito spirito di Dio che si estrinseca nelle esistenze individuali. "È proprio come se Andreas mi avesse dato Henry [Hendrik], una parte di se stesso, per aiutare una parte di me stessa. Ogni nove mesi Henry dice che qualcosa deve nascere dalla mia mente. I figli della mente vivranno nel mondo". Così, i lineamenti giovanili del bel volto ovale leggermente paffuto, bambola ieratica nel sontuoso abito da ballo quale appare nel dipinto di Andreas, si irrigidiscono in poco tempo nei tratti smagriti, nell'alta figura ascetica rivestita da abiti sobriamente eleganti quali ci rimandano le numerose foto e il ritratto "all'antica" che Hendrik le dedica in atto di scrivere. E sebbene l'intera famiglia Andersen tenda a riconoscere il senso del proprio agire quotidiano unicamente in relazione all'unica figura maschile di casa - Hendrik l'artista, Hendrik il demiurgo -, è Olivia che con la sicurezza, la cultura e la ricchezza derivatele dal suo status conferisce alla compagine familiare il tono di una naturale appartenenza alla élite cosmopolita. Ma sia il concetto di classe che quello di casa, specchio sovraccarico e insaziabile dei simboli del successo sociale, le stanno stretti come una prigione ed ella aspira a una casa dell'anima "che sia ovunque capiti di essere, senza mura che possano ostacolare le relazioni, con arredi che ciascuno ha raccolto nella propria mente...", traversando "di classe in classe, senza fermarsi in nessuna, conoscendole tutte".

Attorno a Olivia, come falene, ruotano comprimarie le altre due donne del gruppo: Helene, la "piccola madre" cui Andersen dedicherà più tardi la nuova dimora di Villa Helene in via Mancini, e Lucia, l'ancella devota che di questa casa sarà la vestale.

Helene Monsen (Bergen, 1842 - Roma, 1927), povera e incolta emigrante dalla Norvegia negli Stati Uniti nei primi anni settanta dell'Ottocento con il fardello di due infanti, Andreas e Hendrik, un terzo in arrivo di lì a poco e con accanto un marito inaffidabile e alcolizzato, si era dovuta inventare una nuova vita in un paese sconosciuto. "Little

Hendrik C. Andersen, c. 1900;
Da sinistra: Helene, Olivia, Lucia, c. 1910.

maman - scrive Olivia - è come se non fosse mai stata al mondo, una piccola cosa così pura e dolce, più inno-
cente di un bambino. Sembra che il senso del male non l'abbia mai sfiorata e si sorprende ogni volta che incontra qualcosa che non nasce dalla bontà". Olivia la ama e la rispetta come e più di una madre e le è grata per aver
trasmesso ai figli, nelle più penose circostanze della vita, le sue doti di forza, pazienza, ottimismo e di energia spirituale. Anche James ne percepisce, attraverso le confidenze di Hendrik, questo ruolo fondamentale e in una sua
lettera all'amico dopo la morte del fratello Andreas si dice sollevato nel sapere "che c'è lei a interrompere la tua
solitudine, a darti un focolare, e ad accudirti in generale e ad essere da te accudita".
Lucia Lice (?, 1884 - Roma, 1978), novella "Vittoria Caldoni" o "Nanna" al servizio di artisti d'oltralpe, viene a
Roma dalla Ciociaria in cerca di lavoro come modella. Entra in casa Andersen diciottenne e, oltre che modella, sarà
governante, fotografa, figlia e sorella. Anche qui è Olivia a darcene nel giugno 1910 un ritratto straordinariamen-
te acuto. "Posa con il compiacimento di un giovane pavone. Ha una figura sottile e una struttura muscolare piena
e perfettamente delineata, un ventre ben marcato e un bel dorso, molto adatto alla funzione... Si lancia con energia nelle più diverse pose, sicura di essere molto bella da guardare e nello stesso tempo assolutamente inconsapevole delle intenzioni che è chiamata a servire. In alcuni momenti è molto ingenua e infantile, in altri molto irri-
tabile e nervosa... il suo corpo è per lei un capitale molto prezioso e la consapevolezza della sua bellezza è fonte
di grande conforto quando la gente, come lei stessa intuisce, la guarda dall'alto in basso a motivo della sua nascita e della sua professione, che lei tende a nascondere come può... il sapere di essere molto bella, sotto le vesti,
le fa assumere spesso in rivalsa un atteggiamento provocatorio di fiducia in se stessa. È molto buona e deside-
rosa di rendersi utile, ci tiene a fare le cose per bene e ad essere sempre pulita e a posto, c'è qualcosa di veramente toccante nel suo carattere, dentro quel piccolo corpo grazioso". Lucia, la bella, la creatura nervosa e sof-
ferente e dalla acuta sensibilità, rimarrà in casa per sempre e, adottata dalla famiglia, ne assumerà legalmente il
cognome. Sopravviverà a Olivia, il cui diario si interrompe bruscamente il 16 dicembre 1917, una settimana prima
della morte improvvisa, alla vecchia e ormai cieca Helene, a Hendrik, che "continua, pover'uomo, a riversare
senza fine nel suo immenso studio opere mastodontiche al di là di ogni immaginazione", come scrive da Vallombrosa nell'agosto 1921 Mary Berenson a Isabella Stewart Gardner. E le "conversazioni" vengono necessariamente a cessare, essendosi spente una dopo l'altra le voci che, cariche della loro concretezza storica, ne avevano intessuto l'anima. Ma la loro eco lasciata nelle cose consente ora di ripercorrerne a ritroso le fila e di interpre-
tarne liberamente le variegate trame con la malinconia della perdita e l'ironia della distanza.

Nota

Le traduzioni delle lettere di Henry James sono di ROSELLA MAMOLI ZORZI, dal volume *Amato ragazzo. Lettere a Hendrik C. Andersen 1899-
1915*, Marsilio, Venezia 2000, a cura della stessa, con postfazione di ELENA DI MAJO.
La citazione con la descrizione di Hendrik è tratta dalla tesi di laurea di FRANCESCA FABIANI (*Il Museo Hendrik Christian Andersen*, Università
degli Studi di Roma La Sapienza, Facoltà di Lettere, Dipartimento di Storia dell'Arte, 2000-2001), che ha consultato le inedite *Andersen
Papers* nella Manuscript Division della Washington Library of Congress.
Le restanti citazioni sono tratte da OLIVIA CUSHING ANDERSEN, *Diaries*, inediti, in lingua inglese, copia dattiloscritta presso l'Archivio del
Museo Hendrik C. Andersen, 1882-1917, voll. LXIII.

Interior with Conversation Pieces
Elena di Majo

TWO DANDIES, HENDRIK CHRISTIAN ANDERSEN AND HENRY JAMES, AS THEY WERE

Hendrik Christian Andersen (Bergen, 1872 - Rome, 1940), the young American sculptor of a modest Norwegian family which emigrated to the United States shortly after he was born, and the mature writer, Henry James (New York, 1843 - London, 1916), another American, met one fine afternoon in June 1899 on the terrace of the Sixteenth century Palazzo Rusticucci, in Borgo next to San Pietro. They were at the home of two friends, the English painter John Elliott and his American wife, Maud Howe, a writer and journalist. "The spell of that old, golden Rome", recalled Howe Elliott many years later, "lay heavy on the artist of that mid-nineteenth century days . We find painters, sculptors, poets, men and women famished for beauty, breaking away from New England's stern Puritanism..." That very terrace, bedecked with flowers and with its sublime view, can be seen in the delicate drawing by the American painter Mabel Norman, a great friend of Andersen's, which was reproduced in *Roma beata*, a book of Howe Elliott's memoirs published in Boston in 1904. Andersen left two severe and penetrating portrait drawings of the writer.

As from late 1896, Hendrik Andersen was installed in a small studio in Via Margutta in Rome, which he himself described as cold and damp. Profoundly influenced by classical and Renaissance art, he started to create his own monumental symbolic language, without neglecting to continue his portrait studies in large pencil-drawn sheets and half-length sculptures. One of these, a terracotta bust of a boy, Alberto Bevilacqua Lazise, caught the eye of James during his visit to the studio of his new young friend just after their first meeting at the Elliotts'. The writer purchased the bust for his home, Lamb House, in Rye, Sussex and it long remained as a tangible symbol of the bond between the two of them. A sort of metaphorical, loving *go-between*. "I heartily rejoice to possess it... He is so living, so human, so sympathetic and sociable and curious, that I foresee it will be a lifelong attachment. Brave little Bevilacqua and braver still big Maestro Andersen!..." wrote James in the first of seventy-seven let-

Due immagini di Hendrik Andersen
e Henry James, nello studio
dell'artista, Roma 1907;
Hendrik, Helene e il pittore spagnolo
Bacarisas, 1906.

Da sinistra: Lucia, Helene, Hendrik,
Olivia, c. 1911; Da sinistra: Hendrik,
Helene, Olivia, c. 1910;
Hendrik C. Andersen, "Amore",
bassorilievo con i profili di Helene,
Lucia, Hendrik, Olivia, c. 1915;
Da sinistra: Olivia, Hendrik, Helene,
Lucia e due amici, *en travesti*, c. 1905.

ters which he was to write, from 1899 to 1915, to his *dear boy Hans*. He wrote: "...I continue to have long talks with little Bevilacqua about you and we help each other to bear up".

On his arrival in Rome, Hendrik was soon "to become acquainted with a new city and with as many of its inhabitants as he found it convenient to know. He had quick eyes with which to detect what he cared to learn about, and his personality was such that he had no difficulty in making friends. Not a shadow of timidity was his but neither was he forthputting. In fact he was one of those unselfconscious, gay yet earnest... In look, he was very charming, tall, slender, broad shoulders. Every line of his face and body denoted activity and his aquiline profile and the corners of his mouth decision. There was no hesitation in his glance nor in his manners, but a clear frankness in both that quickly attracted people to him. The danger was indeed that his personality should prove too attractive and lean people to seek to turn him aside from his concentration of purpose. But those who sought to do so, misled by the very gentle expression and animated manner, found this more difficult than they believed".

Such extraordinary qualities - so perfectly described by Olivia Cushing, the American widow of Hendrik's elder brother Andreas, who spent the rest of her life with Hendrik after the premature death of her husband in Boston - did not captivate James alone. They certainly fascinated the aristocratic English sculptor and man of letters, Ronald Gower, Duke of Sutherland, a tireless traveller and scintillating man of the world, who very nearly adopted him to make him heir to his considerable estate. Others included Arthur Symons, the famous critic and cultured supporter of symbolist and decadent culture, and Michael Stillman, son of William James Stillman, the writer and diplomat, and the lovely Maria Spartali, a model for the Pre-raphaelite painters. Baron Harild Rosencratz, the Danish consul and sculptor, was another. Lively portraits of all of them, which Andersen drew during their visits to Italy towards the end of the century, are housed in the Museum.

There were few other meetings after that initial encounter in Rome in June 1899: in August of the same year, in December 1900, in September 1901 and in October 1903 at the writer's home in Rye, and then again in July 1905 in Boston and Newport. The last meeting was in May 1907 in Rome. Letters and photographs bridged their physical distance. James wrote: "The truth is, my dear boy, that our letters are grand little moments, little *bellissime feste*, for us, and that we are capable of the wisdom of not expecting that there shall be a *festa... every*

Hendrik C. Andersen nel suo studio alla Passeggiata di Ripetta, Roma, c. 1915.

week". And, fully aware of his limited physical abilities, in exchange for the rare pictures he sent of himself ("I enclose a poor little kodak-thing of *my* brother and me. He is thin and changed and I am fat and *shaved*!" or "You shall have, as a bribe, a photograph of poor old me...", or again "I send you meanwhile a slightly dreary portrait of myself.. Keep it, all the same, before you..."), he was enchanted by the youthful splendour of Hendrik as "the bearded Bandit, very charming for all its savagery..." or in "all the sweet snapshots of your *villeggiatura* days and groups" ("...so lovable and touchable - of you in your habit as you live!"), or in the photo with a rabbit ("...I scan the so handsome fatigued face of the rabbit-picture for signs reassuring and veracious... you are so beautiful in it that I only hope you're really exempt from physical woe") or in that "charming image with the gun on your shoulder" in which "you do look straight and strong and gallant and *valid*; for which the Powers - whoever they are - be praised". So they were all pictures in which James saw health, energy and strength.

Their last meeting was in Rome, in May 1907. James was staying at the Hotel de Russie in Via del Babuino and Hendrik had a new and spacious studio on the Passeggiata di Ripetta. He lived nearby in a delightful rented house in Piazza del Popolo, with his mother Helene, Olivia Cushing and Lucia, the house girl who took the photos of those happy hours in Rome. "Please thank Lucia very kindly for her labour over so many of my ugly images. No,

I don't 'come out' well - and it isn't her fault, or yours, ...or that of anything but my own deadly and unmanageable mug. *Your* mug, dearest Hendrik, is much sweeter and shines as silver beside heavy pewter". And the portrait-bust Hendrik made of his friend on this occasion had all the dullness of pewter ("my poor old struggling sleepyhead", James was to say, "...such a towering monument"). The romantic days of that stay - "Italy, ...Rome and you and the cool arched workshop, and the slowly breathing bust, the subtle Ettore and... other models' chat, and the mild sessions at Aragno's, and above all that wondrous terrace-dinner of my last night, unforgettably sweet in the cool high Roman evening..." - were soon to become, "in spite of their recent nearness, far and faint and fabulous". James's admiration of the handsomeness, youth and grand intentions of that dauntless devotee of art gradually changed over the years into a severe and sorrowful critique of his works and his global, emphatic view of the world.

But their pictures, captured as wretched Kodak snapshots or as the alluring transfiguration of a great present-day artist working on the ambiguous relationship between cultural identity and identity *tout court*, remain as lasting testimony to an understanding based on mutual fascination between two inveterate opposites.

THE "THREE GRACES": HELENE, OLIVIA, LUCIA, AND THEIR MISSION

One of the three is the chronicler and interpreter. In her diary, the presence of those whom destiny brought into her life come and go with all their dramatic individuality, giving vitality to a scene dominated by her great spiritual force.

Olivia Cushing (Newport, 1872 - Rome, 1917) immediately learnt to record and reflect upon the events in her life as a rich upper-middle-class New England girl: from her privileged education in literature and art to her museum visits, her evenings at the theatre and concerts, her social events and frequent visits to Europe. When she was just over twenty years old, her engagement with Andreas Andersen, the promising young artist of a very different social class, helped her emerge from the constraints of society and pursue a dream of expressing feelings freely and examining the deeper sense of her life on earth. But it was only after the death of Andreas in February 1902, just one month after their wedding, and her painful decision to abandon her Newport and Boston houses and move to Rome to be with her brother-in-law Hendrik and her mother-in-law Helene, that she became aware

Hendrik e Olivia, Roma, c. 1915;
Hendrik, travestito da donna, c. 1905;
Hendrik come "bandito barbuto", 1903.

of her mission: she would dedicate herself body and soul, as well as her worldly goods, to Hendrik and to the visionary projects to which he committed his inexhaustible energy as an artist and "prophet" of a new form of humanity. She would also write her biblical dramas to reflect the same concept of nature and history as an uninterrupted flow of God's infinite spirit which is manifested in individual lives. "It seems exactly as if Andreas had given me Henry [Hendrik], a part of himself, to help a part of myself... Every nine months Henry says something must be born from my mind. Mind children will live in the world". So the youthful lineaments of that handsome, slightly chubby oval face, that solemn doll in her gorgeous dancing dress, as she appears in the painting by Andreas, stiffened shortly afterwards into the skinny features of the tall ascetic figure dressed in elegantly austere clothes we see in the many photos and the "old-style" portrait Hendrik made of her as she was writing. And even though the entire Andersen family tended to consider the sense of its daily life to be centred exclusively around the only male in the household - Hendrik the artist, Hendrik the demiurge - it was Olivia who, with the self-assurance, culture and wealth of her status, conferred upon the family that particular tone of a naturally cosmopolitan élite. But both the concept of class and that of the family, an insatiable and overworked indicator of social success, were a constraint that suffocated her and she longed for a home "that is wherever one happens to be, the relationships that no walls can draw closer, the furnishings that one's own mind has collected...", ranging "...from class to class, stopping in none of them, knowing all of them".

Like moths around a light, her other two female co-stars rotated around her: Helene the "little mother", after whom Andersen was later to name his new home, Villa Helene, in Via Mancini, and Lucia, the devoted maid who was to be the vestal virgin of the household.

Helene Monsen (Bergen, 1842 - Rome, 1927), a poor, uncultured *emigrée* who reached the United States from Norway in the early 1870s with the burden of her two little children, Andreas and Hendrik, with a third one soon to be born, and with an unreliable and alcoholic husband, had had to make an entirely new life for herself in an unknown country. "Little maman", wrote Olivia "is as if she never had been in the world at all, a little thing so pure and sweet that you cannot imagine a baby more innocent. The meaning of evil seems never to have reached her, and she is surprised every time she meets something that does not spring from goodness". Olivia loves and respects her as much and, more than a mother, is grateful to her for having imparted to her children, in the most

**Da sinistra: Helene, Lucia, c. 1910;
Olivia con il suo ritratto,
dipinto da Hendrik, c. 1915.**

pitiable of conditions, her gifts of strength, patience, optimism and spiritual energy. Through his close ties with Hendrik, James too perceived this fundamental role and, in a letter to a friend after the death of his brother Andreas, he said how relieved he was "in the fact of your mother's presence, in your having her to break your solitude, create your home, and generally care from you, and be cared for".

Lucia Lice (?, 1884 - Rome, 1978), a new "Vittoria Caldoni" or "Nanna" working for artists from the other side of the Alps, came to Rome from Ciociaria seeking work as a model. Aged eighteen, she entered the Andersen household where, as well as working as a model, she also acted as governess, photographer, daughter and sister. Olivia again gives us an extraordinary insight into matters as they were in June 1910. "...[She] posed with the pleasure of a young peacock. She has a thin, muscularly full and sharply defined figure, a well marked stomach and a good back, very useful to work from... she throws herself with vigour and assurance of being very lovely to look at, into the various poses, at the same time with perfect unconsciousness of the intention she is serving. She is very innocent and childlike in some ways, and very irritable and nervous in others, so that her body is to her a very precious capital... and the knowledge of its shapeliness a source of great comfort, and when, as she frequently imagines, people slight her because of her profession, which she keeps secret as possible, her birth... she has the consciousness, closely wrapped, beneath her clothes of being very beautiful, which gives her an attitude in return of often almost defiant self-confidence. She is very good and willing to oblige, and takes great pains to do things well and be always very neat and clean, so that there is something really touching about the character, clothed in its pretty little body".

Lucia, the lovely, nervous creature, distressed and acutely sensitive, was to remain forever in the household and, adopted by the family, she eventually acquired their surname. She outlived not only Olivia, whose diary came to an abrupt end on 16 December 1917, just one week before her sudden death, but also the aged and then blind Helene, and Hendrik whose work "is awful beyond imagination, and he pours it out endlessly, and has huge studios filled with it, poor man". In this way Mary Berenson described him to Isabella Stewart Gardner in a letter from Vallombrosa in August 1921.

At this point, the "conversations" necessarily came to an end since all the voices which had given it such historical depth were silenced one by one. But these voices echoed down the years and enable us to work our way back through them and interpret all the various threads with the melancholy of loss and the irony of distance.

Bibliographical note

The extracts from Henry James's letters are taken from Rosella Mamoli Zorzi's book entitled *Amato ragazzo. Lettere a Hendrik C. Andersen 1899-1915*, Marsilio, Venice 2000, edited by the author, with an afterword by Elena di Majo.

The quotation with the description of Hendrik is taken from the graduation thesis by Francesca Fabiani (*Il Museo Hendrik Christian Andersen*, Università degli Studi di Roma La Sapienza, Facoltà di Lettere, Dipartimento di Storia dell'Arte, 2000-2001), who has consulted the unpublished *Andersen Papers* in the Manuscript Division of the Washington Library of Congress.

The other quotations are taken from the unpublished *Diaries* by Olivia Cushing Andersen, in English, in a typewritten copy in the Archives of the Hendrik C. Andersen Museum, 1882-1917, voll. LXIII.

Intervista con Yinka Shonibare

Valentina Bruschi

Valentina Bruschi : Sei nato a Londra e cresciuto tra la Nigeria e l'Inghilterra, dove ora vivi. Ti senti più radicato nella cultura inglese o in quella nigeriana?
Yinka Shonibare : Questo è il mio dilemma, percorrere due mondi, due culture è la mia eredità, la mia realtà. Penso di essere veramente una persona bi-culturale, alcune volte sogno in yoruba e in inglese simultaneamente.
VB : Quale significato ha per te la parola "origine"? E quale differenza c'è, secondo te, nella nozione di origine per la generazione postcoloniale?
YS : Origine vuol dire provenienza e per me non è mai stata una nozione univoca. Per la generazione postcoloniale, "origine" potrebbe abbracciare una molteplicità di significati, ricchi come le piume di un pavone: un caleidoscopio di bellezza e confusione.
VB : Nel tuo lavoro fai ampio uso dei tessuti africani. È stato spesso ricordato dalla critica come questi tessuti giochi-no sulle nozioni di "africa-no", "esotico" e "autenti-co": che cosa mi puoi dire a questo proposito?

YS : Uso i tessuti africani, nel mio lavoro, per la loro complessa origine. Quando ero alla Scuola d'Arte a Londra, subivo una pressione costante per produrre arte africana tradizionale. Ma per una persona come me, con una molteplice esperienza culturale, l'idea di una nozione pura di "africanità" non aveva senso.
I batik mi sono sembrati una buona metafora per affrontare criticamente la collisione delle culture e la nozione di autenticità. Queste stoffe, in realtà, sono originarie dell'Indonesia e i colonizzatori olandesi

sono stati i primi a produrle industrialmente, per venderle poi sul mercato indonesiano dove però ebbero poco successo. Gli inglesi copiarono il processo e iniziarono a fabbricarle a Manchester, con manodopera asiatica, esportandole in Africa occidentale, dove divennero molto popolari, tanto che dopo l'indipendenza, in molto paesi africani, come nel Ghana e in Nigeria, questi tessuti furono adottati come emblema di nazionalismo, sia dagli africani che vivevano in Africa, sia da quelli che erano emigrati negli Stati Uniti e in Europa.

Oggi, acquisto questi tessuti al mercato di Brixton, a Londra. Mi piace comprare qualcosa che è stato prodotto e disegnato in Europa, frutto di passate transazioni coloniali, ma che dovrebbe simboleggiare il nazionalismo africano. Ovviamente, ormai ci sono anche delle versioni locali degli stessi tessuti prodotti direttamente in Africa.

VB : Olu Oguibe, critico e artista, ha scritto a proposito del tuo lavoro: "Gli interni aristocratici di Shonibare appartengono tanto all'Inghilterra vittoriana quanto alla Lagos della stessa epoca, che, come ci confermano i documenti, non erano molto dissimili l'una dall'altra. Shonibare scava altrettanto profondamente nel suo background nigeriano, radicato nella nobiltà di Lagos, che nella storia e nelle eccentricità inglesi". Sei d'accordo?

YS : Un critico cerca le spiegazioni che l'artista rifugge. Quello che scrive Olu non è né completamente giusto, né completamente sbagliato.

È vero che la distinzione tra le classi sociali in Nigeria è simile a quella in Gran Bretagna, ma il mio appartenere all'aristocrazia nigeriana, ovviamente, non determina automaticamente il mio essere incluso nella upper-class inglese e mi piace il fatto che, in questo modo, in Inghilterra sono "libero" di essere anonimo e di poter reinventare la mia identità, attraverso il mio stile e la mia fantasia, soprattutto oggi che gli artisti godono il privilegio di essere considerati una classe a parte, al di fuori delle consolidate gerarchie sociali.

VB : Una volta hai affermato che il "Postmodernismo ha reso di moda prendere le cose da qui, lì e dappertutto", non credi che questo abbia portato a un degrado complessivo della nozione di "autentico"? Secondo te questo "spostamento" di significato è stato positivo o negativo?

YS : Ho sempre considerato l'ibridismo postmoderno una cosa positiva in un mondo in cui è possibile fare esperienza delle culture più diverse in un arco di tempo molto breve. Penso che, dall'Italia alla Germania, la cultura giovanile globale affondi alcune delle sue radici nella cultura "black". Mi piace quando, ad esempio, mi trovo in Germania e mi capita di sentire del rap "tedesco" in televisione.

VB : Nella tua installazione dal titolo, "Victorian Philanthropist's Parlour" (1996-1997), presentata alla 2ª Biennale di Johannesburg, hai creato una quinta teatrale, alla "Madame Tussaud's", usando i tessuti batik come tappezzeria. Perché hai inserito delle immagini di celebri calciatori di colore nella trama del tessuto?

YS : In "Victorian Philanthropist's Parlour", ho usato le immagini di calciatori di colore nel design della carta da parati per creare quella particolare tensione surreale che mi piace suscitare con un lavoro artistico. Lo sport è un campo in cui il nazionalismo viene affermato in maniera molto forte, ma in cui allo stesso tempo, se sei un buon calciatore e sei di colore, automaticamente puoi diventare Inglese, Francese, Italiano, o quello che vuoi, a condizione di rimanere un fuoriclasse. Ovviamente tutto cambia nel momento in cui inizi a giocare male.

VB : A cominciare dal tuo lavoro "Diary of a Victorian Dandy" (1998), fino all'ultima serie fotografica, "Dorian Gray" (2001), hai dato particolare rilevanza alla figura del "dandy". Cosa rappresenta per te e che rilevanza ha oggi, secondo te, questo personaggio?

YS : Il dandismo è perlopiù un fenomeno del XVIII e XIX secolo. Per me il dandy è un uomo che sfida il perbenismo della società nel modo di vestire, nel comportamento, nell'atteggiamento culturale e sociale. Io mi sono accostato a questa figura per via del mio vivo interesse verso Oscar Wilde che, di origine irlandese, sfidava l'aristocrazia inglese attraverso il suo stile, la sua arguzia e la sua sessualità. Anche oggi, il dandy è una persona che afferma la sua individualità in contrapposizione al conformismo della società e che apprezza in maniera profonda la bellezza.

VB : Tu sei sempre il protagonista dei tuoi tableaux fotografici. C'è un certo narcisismo sottinteso nel ritrarti come un dandy?

YS : Più che di narcisismo, parlerei di esplorazione delle possibilità metaforiche della mia immagine. Prima di tutto, in quanto artista, mi ritengo un creatore di finzione, quindi il protagonista dei miei lavori, non sono io in senso letterale ma un personaggio di fantasia a cui presto il mio volto. Attraverso il travestimento posso riprendere il controllo della mia immagine e usarla, distanziandomi da essa.

Per esempio, in "Diary of a Victorian Dandy", ho affrontato il tema della rappresentazione delle persone di colore in pittura che, di solito, le vede sempre in ruoli subalterni, come nelle opere di Hogarth. Così, nei miei tableaux fotografici ho inteso ricreare una storia dell'arte di fantasia dove, interpretando io stesso il ruolo protagonista, ho usato la mia immagine di nero per rovesciare lo stato delle cose.

VB : Spesso ti sei riferito al "dandy" come a colui che è un outsider. Essere "separato" dal resto della società non sempre è una scelta, come per l'esteta, in altri casi può essere una condizione, come per gli "alieni". C'è una relazione tra l'uso della figura del dandy e le tue installazioni che rappresentano alieni, come "Disfunctional Family" (1999)?

YS : L'idea dell'alieno è radicata nella paura di ciò che è sconosciuto, ciò che non ci è familiare, colui che non veste come noi e non ci assomiglia. Secondo me questa mitologia culturale è ben radicata nei film di fantascienza hollywoodiani. I miei alieni vogliono essere una maniera giocosa di approfondire questa mitologia.

VB : E le tue installazioni che rappresentano degli astronauti, come "Vacation" (2000)?

YS : L'installazione mostra una famiglia di astronauti che sta andando nello spazio. Quando pensiamo agli astronauti ci viene in mente la NASA, gli Americani, l'Occidente e assolutamente non associamo mai l'idea dello spazio all'Africa, così ho pensato che unire astronauti con le stoffe africane sarebbe stata un'idea interessante.

Oggi si può fantasticare sulla possibilità di andare in vacanza nello spazio e io personalmente associo questa voglia di avventura con l'istinto colonizzatore. L'esplorazione dello spazio con la prospettiva di otte-nerne ricchezza rappresenta una nuova forma di colonialismo, simile a quella che sfruttò l'avorio e le altre risorse dell'Africa nel XIX secolo. La gente è avida di sfruttare nuovi territori, nuove possibilità, così da poter trasformare tutto questo in denaro e in capitalismo.

VB : Nella serie di tableaux vivants intitolata "Diary of a Victorian Dandy", le fotografie sembrano scat-tate su un palcoscenico teatrale o, meglio, su un set di una fiction televisiva in costume. Sono stati anche fatti dei riferimenti ai film di James Ivory. Il tuo lavoro fotografico più recente, la serie "Dorian Gray", è basato sulla versione cinematografica del romanzo di Wilde, diretta da Albert Lewin nel 1945. Il riferi-mento a Oscar Wilde è mediato dal linguaggio della comunicazione di massa. Qual è la tua posizione nei confronti del cinema e della televisione come strutture della rappresentazione?

YS : "Diary of a Victorian Dandy" era nato proprio come un progetto per la metropolitana di Londra: rea-lizzato in migliaia di poster, è stato visto da circa quattro milioni di persone. Sono molto cosciente del potere della comunicazione di massa e anche del fatto che il cinema rappresenta un'espressione molto importante della cultura contemporanea influenzando il modo in cui facciamo esperienza del mondo. In "Diary of a Victorian Dandy" ho esplorato l'importante tradizione del dramma in costume in Gran Bretagna, mentre in "Dorian Gray" sono stato più attento al cinema. Il mio interesse è nella contamina-zione tra cultura "alta" e cultura "bassa" come, per esempio, nelle mie opere pittoriche o nelle installa-zioni, che vengono entrambe associate alla stoffa africana di uso comune e di provenienza popolare.

Il film di Lewin mi affascina anche perché offre spunti di riflessione sui temi che più mi interessano, come la stratificazione culturale e l'autenticità: l'epoca vittoriana è vista attraverso l'ottica degli anni quaranta. Nelle mie immagini ho cercato di ricreare il senso di questa stratificazione, ad esempio riproducendo attentamente l'effetto del trucco delle donne nel film, tipico degli anni quaranta.

VB : Uno dei tuoi acrilici su stoffa africana è intitolato come una canzone di Prince, "Party Like it's 1999" (1999), mentre un altro è esplicitamente intitolato "Prince" (1999). Immagino i riferimenti non siano casuali.

YS : Ascolto musica mentre dipingo e sono un grande fan di Prince o "The Artist Formerly Known As Prince", e adesso forse di nuovo Prince e basta [in riferimento agli ultimi cambiamenti del nome d'arte del cantante, N.d.R.] I lavori sono dedicati a lui. Ammiro il modo in cui Prince sia riuscito a sfidare il proprio personaggio e ricostruirlo: un genio! Prince è il dandy per eccellenza. Ammiro il modo in cui è capace di reinventarsi.

VB : "Effective, Defective, Creative" è il titolo della tua video-installazione permanente per la Welcome Wing del Museo della Scienza di Londra. Mi puoi parlare della tua esperienza con il video, un media molto diverso in relazione al resto del tuo lavoro?

YS : Concettualmente l'uso del video riflette sempre il mio interesse per la nozione di "autenticità", per ciò che è "vero" e ciò che è "falso". "Effective, Defective, Creative" è un video digitale: un mezzo con cui mi è piaciuto molto lavorare.

Volevo creare un'opera che facesse riflettere sui problemi etici sorti in seguito alle nuove scoperte scientifiche e tecnologiche, soprattutto nel campo dell'ingegneria genetica, dove si parla con sempre maggior insistenza di "designer babies", frutto di una forma di neoeugenetica. Ho lavorato con un certo numero di donne incinte, che mi hanno permesso di utilizzare le ecografie dei loro bambini nel progetto. Il lavoro consiste in tre proiezioni: la prima mostra dei feti normali, la seconda feti malformati mentre la terza alterna le due tipologie. Per un occhio non esperto, è impossibile distinguere tra l'ecografia di quello che sarà un bambino normale e quella di un feto malformato. Ma qual è la normalità? Se ci dicessero che il nostro bambino potrà nascere con un qualche "difetto", saremmo più preoccupati per l'handicap in sé oppure per il modo in cui il bambino potrebbe essere trattato? Diamo un valore alla differenza o tentiamo semplicemente di sradicare ciò che è diverso permettendo solo ad alcuni bambini di nascere?

Il problema che l'opera vuole sollevare è che l'etica a cui la scienza è chiamata a rispondere, dipende dai codici culturali del momento. In altre parole, non esiste una bioetica obbiettiva e universale, ma solo dei principi relativi. Inferiorità e superiorità, ad esempio, sono nozioni assolutamente relative.

VB : Nei tuoi lavori pittorici fai riferimento alla tradizione modernista, mentre, allo stesso tempo, la rivoluzioni dal suo interno. Okwui Enwenzor ha parlato della relazione tra i tuoi acrilici su cotone africano e tendenze artistiche occidentali come l'astrazione, la pop art, il minimalismo e l'arte concettuale: "Dove nel minimalismo c'è una severità nell'uso dei materiali industriali e del monocromo, Shonibare introduce l'humour e caramellosi colori brillanti. Dove nell'astrazione c'è spesso un gesto di affettato automatismo trascendentale, lui inietta la parodia attraverso gli impasti pieni di materia e segni esagerati tracciati sulla superficie dei disegni astratti della stoffa". Vuoi far collidere le due tradizioni?

YS : Precisamente! Per la tradizione modernista, l'oggetto artistico è autonomo e autoreferenziale, distinto rispetto all'oggetto di uso quotidiano come una stoffa o qualcosa di decorativo: è l'idea dell'arte per l'arte. In pittura, questo concetto è stato associato, perlopiù, con l'espressionismo astratto.

Quando ho iniziato a usare i tessuti africani nel mio lavoro, quello che volevo fare era proprio contaminare l'idea modernista della pittura, esemplificata dal gesto molto "macho" ed eroico degli espressionisti. I miei lavori si riferiscono anche alla griglia minimalista per sovvertirla dal suo interno con l'introduzione di decorazione e colori brillanti.

VB : L'humour sembra essere un elemento essenziale del tuo lavoro. Sei d'accordo?

YS : Mi piace molto usare lo humour nel mio lavoro perché credo che l'arte possa essere una forma di intrattenimento con cui l'artista può sedurre e provocare allo stesso tempo, dando la possibilità al pubblico di iniziare a riflettere anche su temi molto seri.

VB : Hai preso parte alla celebre mostra "Sensation: Young British Art from the Saatchi Collection" (1997). L'arte inglese degli anni novanta si è presentata sotto un'etichetta nazionalistica, sottolineando l'aggettivo "British", come se la "britishness" fosse una sorta di comune denominatore. Come ti relazioni a questo fenomeno?

YS : Penso che la "britishness" in questo contesto sia un elemento puramente geografico. È molto difficile trovare un fenomeno culturale comune nel lavoro degli artisti che hanno partecipato a quella mostra. Finché è durata, credo che la "britishness" sia stata un ottimo strumento di marketing: non so se questo sia un bene o un male.

VB : Quali sono stati i tuoi riferimenti nella creazione dei due nuovi gruppi di figure realizzati per il Museo Andersen?

YS : I due lavori sono ispirati dalla storia di questo bellissimo luogo di Roma. Il gruppo, dal titolo "Hendrik Andersen e Henry James", è basato sull'affettuosa amicizia tra lo scultore Andersen, la cui casa-atelier costituisce oggi il museo in cui espongo, e il famoso scrittore americano. L'opera prende spunto dalla comunicazione a distanza che c'è stata tra i due. Ho letto la loro fitta corrispondenza: decine di lettere scritte usando quel romantico linguaggio del XIX secolo che ormai è andato perduto. L'installazione intitolata "Le tre Grazie" è stata realizzata sulla base di una foto d'archivio con Helene, la madre di Andersen, seguita dalle altre due donne che vivevano nella casa, Olivia e Lucia. La posa delle tre donne in questa vecchia stampa mi è sembrata bellissima. Sono state le persone che più hanno influenzato la vita di Henrick Andersen, soprattutto la madre, a cui lo scultore dedicò la sua casa-atelier, chiamandola Villa Helene.

VB : Questa mostra presenta due elementi che caratterizzano il tuo lavoro: installazioni e progetti fotografici. Come sono messi in relazione tra di loro e perché i tuoi tableaux vivants presentano ritratti sempre molto individualizzati mentre le tue sculture sono sempre senza testa?

YS : Io ho adottato una strategia che mi permette di muovermi liberamente attraverso diversi linguaggi come la fotografia performativa, le installazioni con i costumi, la pittura, gli interventi pubblici ecc.

Rimuovere la testa ai miei manichini è un modo per non legare le figure a una razza, ed è anche un riferimento scherzoso alla Rivoluzione Francese. Per quanto riguarda le fotografie, ho pensato che in quel caso era meglio non tagliare la testa alle persone in carne e ossa!

(Traduzione dall'inglese di Valentina Bruschi)

Valentina Bruschi : You were born in London and brought up in both Nigeria and Great Britain, where you now live. Do you feel more rooted in Nigerian or English culture?

Yinka Shonibare : This is my dilemma, pursuing the two cultures which I have inherited. I think that I am a truly bi-cultural person. Sometimes I even dream in English and Yoruba simultaneously.

VB : What does the word "origin" mean for you? What difference is there, according to you, in the notion of origin for the post colonial generation?

YS : Origin means from where someone comes from and it has never been a singular notion for me. Origin for the post colonial generation could have a number of meanings, like the profusion of colours in the feathers of a peacock, or like the rich colour display in a kaleidoscope.

VB : Your use of Dutch wax printed cotton textiles. It has often been claimed how these textiles play on the notions of "African", "exotic" and "authentic". Can you tell me something about this?

YS : I use African fabric in my work because of its complex origin. When I was at Art School in London, there was constant pressure on me to produce traditional African art, but for someone with a multiplicity of cultural experiences, the idea of a pure notion of "African-ness" didn't make sense.

African fabric, then seemed to me a good metaphor to critically tackle the collusion of cultures and the notion of authenticity. African fabric actually originated in Indonesia. The batik techniques were industrialised by the Dutch colonisers who first decided to produce the fabrics for sale to the Indonesian market, but the industrial method of production was not popular in Indonesia. The English then copied the process and started to produce the textiles in Manchester, using Asian manpower, and exporting them to the West African market where the fabrics turned out to be very popular.

When some African countries such as Ghana and Nigeria achieved their political independence, the fabrics were adopted as symbols of African nationalism, both by Africans living in Africa and by people of African origin in the USA and Europe.

I purchase the fabrics at the Brixton market in London. I like the fact that I buy something, which is made in Europe and designed by Europeans, and yet it is supposed to symbolise African nationalism. Of course, there are now local versions of the fabric now being produced in Africa.

VB : The artist-critic Olu Oguibe wrote about your work: "Shonibare's aristocratic settings belong as much to Victorian England as to Victorian Lagos, which, as records confirm, were not at all distinguishable one from the other. Shonibare digs as deep into his Nigerian heritage among the nobility of Lagos as he does into British history and eccentricities". Do you agree with this?

YS : A critic finds explanations, an artist resists explanations. Olu is not completely right nor is he completely wrong.

It is true that the distinction between social classes in Nigeria is similar to that in the United Kingdom, but by belonging to the Nigerian aristocracy, obviously, doesn't determine automatically my being included in the British upper-class and I enjoy the fact that, in this way, in England I am "free" to be anonymous and able to reinvent my identity, through my style and fantasy, especially today that artists have the privilege to be considered as a separate class, independent from the consolidated social hierarchies.

VB : Once you said "Post-modernism made it fashionable to take things from here, there and everywhere". Don't you think that this led to a general confusion of the notion of "authentic", and, according to you, is this a positive or a negative thing?

YS : I have always considered post-modern hybridism positive in a world in which it is possible to experience different cultures in a very short space of time. I think that global youth culture from Italy to Germany has part of its origin in black culture. I love it when I am in Germany, for example, and I happen to listen to German rap music on television.

VB : In your installation "Victorian Philanthropist's Parlour" (1996-1997), presented at the Second Johannesburg Biennale, you created a Madame Tussaud-style stage set, using batik as upholstery. Could you discuss the meaning of the images of black football heroes incorporated in the African print?

YS : In the installation "Victorian Philanthropist's Parlour" I used images of black footballers in the wallpaper design of a Victorian room. The use of the footballers created the kind of transgressive surreal tension I like to create in a work of art. Sport is a field in which nationalism is asserted very strongly. It is also interesting that if you are a good footballer and you are black, you can become English, French or Italian, whatever you like, as long as you remain a good footballer. Of course everything changes once you start playing badly.

VB : From your work "Diary of a Victorian Dandy" (1998), to the last photographic series, "Dorian Gray" (2001), a lot of your attention is given to the figure of the "dandy". What does the "dandy" represent for you today and what might be the relevance of such a figure?

YS : The dandy is largely an 18th and 19th century phenomenon. According to me, a dandy is a man who challenges the taste of polite society by the way he dresses. I became interested in the notion of the dandy because of my interest in Oscar Wilde. He was a writer of Irish origin who challenged the British aristocracy by his style, wit and sexuality. Dandies today are people who assert their own individuality in the face of conventional society and have a great appreciation of beauty.

VB : You always represent yourself as the main character in your photographic tableaux. How do you relate to the issues of narcissism and identity in self-portraying yourself as a dandy?

YS : Instead of talking about narcissism, I would say that in my work I explore the metaphorical possibilities of my own image. First of all, as an artist I consider myself a maker of fiction. Therefore, the character in my work is, strictly speaking, not me but a fictional character to whom I lend my face. Dressing-up enables me to separate myself from my own image and, at the same time, to regain control of it.

For example, in the "Diary of a Victorian Dandy", I wanted to explore the history of the representation of black people in painting, who usually occupied not very powerful positions, as in Hogarth's works.

Therefore, in my photographic tableaux I wanted to recreate a history of art from fantasy, where interpreting the role of the protagonist, I used my own image of a black person in order to reverse the state of things.

VB : You often refer to the figure of the "dandy" as someone who is an "outsider". To be "separate" from society is not always a choice, as in the case of the dandy, but sometimes it is a condition, like for aliens. Is there a relationship between your use of the figure of the "dandy" and your installations representing aliens, like "Disfunctional Family" (1999)?

YS : The idea of the alien is rooted in a fear of the unknown, the unfamiliar that does not dress or look like us. This cultural mythology is well established in Hollywood sci-fi tradition. My Aliens are a playful exploration of that mythology.

VB : And your installations representing astronauts, like "Vacation" (2000)?

YS : This piece shows a family of astronauts going on holiday into space. When we think of astronauts, we tend to associate this idea with the NASA, North America, the West, and in no way would we think about

Africa, so I thought that uniting astronauts with African fabric would have been a very interesting idea.

At the moment, it is possible to conceive the fantasy of going on holiday into space and I associate this demand for adventure with the colonial instinct. Space exploration is an expression of a new form of colonialism as it provides a wealth of new possibilities, in the same way that ivory in Africa in the 19th century provided new possibilities of wealth. People are greedy and want territories to explore in order to find new resources that they can translate into money and capitalism.

VB : In the series of tableaux-vivants titled "Diary of a Victorian Dandy", the pictures seemed to be staged as in a television costume drama. Reference has been made to theatre and to James Ivory's films. Your latest photographic work, "Dorian Gray", is based on the 1945 movie by Albert Lewin. Fiction, in this sense, is an instrument for mass-communication. What is your relation to cinema and television and such structures of mass representation?

YS : "Diary of a Victorian Dandy" was in fact made as a poster for the London Underground and was viewed by about 4 million people. I am very aware of the power of mass communication and also that cinema is a significant part of contemporary culture and how we experience the world. There is a strong tradition of costume drama in Britain which I explored in "Diary of a Victorian Dandy", whereas in 'Dorian Gray' I was looking more towards cinema. My interest is in the contamination between "high" and "low" culture, like for example in my paintings or installations, both related to African fabrics of common use and origin.

Lewin's movie fascinates me because it offers points of reflection the issues that most interest me, like cultural stratification and authenticity: Victorian era as seen form the 1940's point of view. In my images I tried to recreate this stratification by carefully reproducing the make-up effect of the women in the movie, for example, which is typically in the 1940's style.

VB : One of your acrylics on textile is named after a song by Prince, "Party like it's 1999", (1999), and one is titled "Prince" (1999). I imagine that this isn't a random choice.

YS : I listen to music when I paint and I am a great fan of Prince, or "The Artist Formerly Known as Prince" and now probably again known as Prince. The works were in fact dedicated to him. I admire the way in which he managed to challenge his own constructed persona and then reconstruct it. Pure genius! Prince is the dandy par-excellence. I love the way that he reinvents himself.

VB : "Effective, Defective, Creative", is the title of your permanent video-installation for the Welcome Wing at the Science Museum in London. Can you tell me something about your experience with video, which is a very different media in relation to the rest of your work?

YS : Conceptually the piece does reflect my usual interest in ideas about authenticity, what is real or unreal. "Effective, Defective, Creative" is a digital video: a process I enjoyed working with.

People speak now of designer babies, made possible because of advances in gene technology, a form of neo-eugenics, and the ethical dilemmas raised by advances in science and technology.

I worked with the permission of a number of expectant mothers who allowed me to use ultrasound images of their babies in the project. There are three sets of projections; the first set depicts normal embryos, followed by a second set, which depicts abnormal embryos, and a third set which mixes the two types of embryos. To a non-medical eye it is impossible to tell the difference between a normal potential person or an abnormal potential person.

What do we do if we are told that our unborn baby may be born with a "defect"? Are we actually worried about the disability itself or are we more worried about how our unborn child will be treated? Do we value difference or do we try to eradicate diversity by only allowing certain types of children to be born?

The issue I am raising here is that science is only as ethical as the cultural codes surrounding it. In other words there is no such thing as an objective universal science; science is always cultural. Therefore notions of inferiority and superiority are relative.

VB : In your painting projects, on the one hand you refer to the modernist tradition whilst, on the other, you revolutionise it from within. Okwui Enwenzor talked about the clear relation between your acrylics on Dutch wax printed cotton textiles and the Western tradition of modernism, such as Abstraction, Pop Art, Minimalism and Conceptual Art: "Where in Minimalism there is an unsmiling severity in its industrial materials and monochromes, Shonibare introduces humour and bright candy colours. Where in Abstraction there is often an affected transcendental gestural automatism, he injects parody through the lumpy impastos and exaggerated gestural mark-making scored on the surfaces of the already abstracted designs of the cloth". Do you want the two different traditions to clash?

YS : Precisely! According to the modernist tradition the art object refers to itself and it is autonomous; it is art for art's sake; it is beyond the everyday object of use like fabric or the decorative. The notion of autonomous painting was mostly associated with the abstract expressionist. What I started to do when I began to use African fabric in my work was to contaminate the modernist idea of painting. I saw the huge modernist painting as a very macho, heroic gesture. In challenging that gesture, I evolved a way of painting, which referred also to the minimalist grid but then subverts it by introducing bright colours and decoration.

VB : The use of humour seems to be essential for your work. Do you agree?

YS : I like to use humour in my work because I think that art can also be a form of entertainment, where the artist can seduce and provoke his public at the same time, also giving the possibility of starting to think on very important issues.

VB : You took part in the famous exhibition "Sensation: Young British Art from the Saatchi Collection" (1997). British Art of the Nineties has presented itself under a very national point of view, underlining the adjective "British", as if the "British-ness" was a sort of common denominator. How do you relate to this?

YS : In this context, I think that "British-ness" is purely geographical. It is incredibly difficult to find a common cultural phenomenon in the work of the artists in "Sensation". While it lasted, I think "British-ness" proved to be an effective marketing tool - I don't know if that is good or bad.

VB : What did you study in order to realise these two new groups of figures you created for the Andersen Museum, "Hendrik Andersen and Henry James" and "The Three Graces"?

YS : The two works are inspired by the history of this beautiful place in Rome. The group named, "Hendrik Andersen and Henry James" is about the close relationship between the sculptor Hendrik Andersen, whose ex studio-house was transformed in the museum in which I'm exhibiting today, and the American writer. The piece takes its source from their long-distance communication. I read through the inspiring letters they wrote to each other, written in a 19th century romantic language which we seem to have lost now.

"The Three Graces" was based on a photograph from the museum's archive, which showed Helene, Andersen's mother, followed by the other two women that lived in the house, Olivia and Lucia. I loved the pose of the three women in the old photograph. The three women played a very important role in the life of Hendrik Andersen, especially his mother, to whom he dedicated his studio-house, calling it Villa Helene.

VB : This exhibition presents two elements that characterise your work, installations and photographic series. How do these two media relate in your work? Secondly, in your photographic works, the groups of figures have distinctly individualised portraits. Why are your sculptural figures always without a head?

YS : I have adopted a strategy which enables me to move freely among a number of strategies like performative photography, costume installations, painting, public interventions, etc.

The device of removing the heads of the figures serves as a way of not racialising the figures. It also began as a joke about the French Revolution. As far as the photographs are concerned, I thought it was best not to cut off the heads of real people!

Lista delle Opere / Works Illustrated
Tutte le opere sono di Yinka Shonibare / All works are by Yinka Shonibare
I numeri di pagina precedono ogni didascalia / Page numbers precede each entry

10-12. **Affectionate Men**, 1999,
manichini a grandezza naturale,
abiti realizzati in cotone stampato.
Collezione Fondazione Sandretto Re Rebaudengo
per l'Arte, Torino, Italia.
Courtesy Stephen Friedman Gallery.
Fotografia: Stephen White.

13. **Cha, Cha, Cha**, 1997,
tecnica mista, il contenitore misura 25,5 x 25,5 x 20 cm.
Courtesy Stephen Friedman Gallery.
Fotografia: Stephen White.

17. **The Swing (after Fragonard)**, 2001,
manichino a grandezza naturale, 330 x 350 x 220 cm.
Courtesy Stephen Friedman Gallery.
Fotografia: Ahlburg Keate Photography.

21. **Girl/Boy**, 1998,
manichino a grandezza naturale,
abito realizzato in cotone stampato.
Courtesy Stephen Friedman Gallery.

22. **Disfunctional Family**, 1999,
quattro figure realizzate con cotone stampato:
padre: 52 x 148 x 37 cm,
madre: 40 x 150 x 36 cm,
bambino: 54 x 89 x 46 cm,
bambina: 36 x 69 x 30 cm.
Collezione Walkers Art Center, Minneapolis, Stati Uniti.
Courtesy Stephen Friedman Gallery.
Fotografia: Stephen White.

24. **Double Dutch**, 1994,
acrilico su cotone stampato, cinquanta pannelli;
le misure complessive dell'installazione: 332 x 588 cm.
Collezione privata, Stati Uniti.
Courtesy Stephen Friedman Gallery.

29. **Leisure Lady**, 2001,
un manichino a grandezza naturale, 160 x 80 x 80 cm circa,
abito in cotone stampato;
tre gattopardi americani, ognuno 40 x 60 x 20 cm.
Courtesy Stephen Friedman Gallery.

37. **Vacation**, 2000,
manichini a grandezza naturale,
abiti realizzati in cotone stampato,
due figure grandi: 152,5 x 61 x 61 cm circa ognuna,
due figure piccole: 101,6 x 61 x 61 cm circa ognuna.
Courtesy Stephen Friedman Gallery.
Fotografia: Ahlburg Keate Photography.

41. **Sun, Sea and Sand**, 1995,
installazione, tecnica mista, dimensioni variabili.
Scottish National Gallery of Modern Art, Edimburgo.
Courtesy Stephen Friedman Gallery.
Fotografia: Stephen White.

44. **Victorian Philanthropist's Parlour**
(particolare), 1996-1997,
tappezzeria realizzata in cotone stampato.
Dimensioni variabili a seconda dell'installazione.
Commissionato da London Printworks.
Collezione Eileen and Peter Norton,
Santa Monica, Stati Uniti.
Courtesy Stephen Friedman Gallery.

48-49. **Mr and Mrs Andrews without their Heads**, 1998,
due manichini, 165 x 570 x 254 cm,
abiti in cotone stampato.
Collezione National Gallery of Canada.
Courtesy Stephen Friedman Gallery.

52. **Diary of a Victorian Dandy: 11.00 hours**, 1998,
stampa c-type - edizione di tre,
183 x 228,6 cm.
Commissionato da inIVA.
Courtesy Stephen Friedman Gallery.

52. **Diary of a Victorian Dandy: 14.00 hours**, 1998,
stampa c-type - edizione di tre,
183 x 228,6 cm.
Commissionato da inIVA.
Courtesy Stephen Friedman Gallery.

53. **Diary of a Victorian Dandy: 17.00 hours**, 1998,
stampa c-type - edizione di tre,
183 x 228,6 cm.
Commissionato da inIVA.
Courtesy Stephen Friedman Gallery.

53. **Diary of a Victorian Dandy: 19.00 hours**, 1998,
stampa c-type - edizione di tre,
183 x 228,6 cm.
Commissionato da inIVA.
Courtesy Stephen Friedman Gallery.

53. **Diary of a Victorian Dandy: 03.00 hours**, 1998,
stampa c-type - edizione di tre,
183 x 228,6 cm.
Commissionato da inIVA.
Courtesy Stephen Friedman Gallery.

57. **Gay Victorians**, 1999,
manichini a grandezza naturale, 165 x 63,5 x 106,5 cm
e 165 x 73,5 x 109 cm, abiti realizzati in cotone stampato.
Donazione dalla Vicki and Kent Logan Collection
al San Francisco Museum of Modern Art.
Courtesy Stephen Friedman Gallery.
Fotografia: Stephen White.

60-61. **Hound**, 2000,
tre manichini a grandezza naturale,
abiti in cotone stampato;
quattro cani e una volpe in vetroresina.
Collezione Eileen and Peter Norton,
Santa Monica, Stati Uniti.
Courtesy Stephen Friedman Gallery.

64-75. **Dorian Gray**, 2001,
serie di undici stampe fotografiche in bianco e nero
e una a colori c-type,
ognuna misura 122 x 152,5 cm - edizione di cinque.
Courtesy Stephen Friedman Gallery.

76-77. **Three Graces**, 2001,
manichini a grandezza naturale,
abiti realizzati in cotone stampato.
Courtesy Stephen Friedman Gallery,
Fotografia: Stephen White.

78-79. **Henry James (1843-1916)
and Hendrik C. Andersen (1872-1940)**, 2001,
manichini a grandezza naturale,
abiti realizzati in cotone stampato.
Commissionato e prodotto da The British School at Rome.
Courtesy Stephen Friedman Gallery.
Fotografia: Stephen White.

Bio-bibliografia / Bio-bibliography

Yinka Shonibare è nato a Londra nel 1962. Vive e lavora a Londra.
Yinka Shonibare was born in London in 1962. He lives and works in London.

MOSTRE PERSONALI / SOLO SHOWS

2001 **Be-Muse**, Museo H. C. Andersen, Roma, Italia (progetto prodotto dalla Direzione Generale per l'Architettura e l'Arte Contemporanee, Centro Nazionale per le Arti Contemporanee, Ministero per i Beni e per le Attività Culturali e da The British School at Rome); a cura di Cristiana Perrella ed Elena di Majo; (catalogo).
The Andy Warhol Museum, Pittsburgh, Stati Uniti; a cura di Marjery King; (catalogo).
Camouflage. Art. Culture. Politics, Centre of Contemporary Art of Southern Africa, Johannesburg, Sud Africa; a cura di Clive Kellner; (catalogo).
Stephen Friedman Gallery, Londra, Gran Bretagna.

2000 **Effective, Defective, Creative**, video installazione permanente, Welcome Wing, Museo della Scienza, Londra, Gran Bretagna.
Camden Arts Centre, Londra, Gran Bretagna.
Affectionate Men, Victoria & Albert Museum, Londra, Gran Bretagna.

1999 **Dressing Down**, Ikon Gallery, Birmingham, Gran Bretagna; in tour all'Henie Onstad Art Centre, Oslo, Norvegia; Northern Gallery for Contemporary Art, Sunderland; Mappin Art Gallery, Sheffield; Oriel Mostyn, Llandudno, Gran Bretagna; a cura di Alessandro Vincentelli; (catalogo).
Brent Sikkema, New York, Stati Uniti.

1998 **Diary of a Victorian Dandy**, progetto realizzato per la metropolitana di Londra; commissionato e prodotto da INIVA (Institute of International Visual Arts), Londra, Gran Bretagna; poi in tour fino al 2000 al Castle Museum, Nottingham; Laing Art Gallery, Newcastle, Towner Art Gallery, Eastbourne, Gran Bretagna.
Alien Obsessives, Mum, Dad and the Kids, Tablet, the Tabernacle, Londra; Norwich Art Gallery, Gran Bretagna; (catalogo).

1997 Stephen Friedman Gallery, Londra, Gran Bretagna.
Present Tense - contemporary project series, Art Gallery of Ontario, Toronto, Canada; a cura di Jessica Bradley; (catalogo).

1995 **Sun, Sea and Sand**, BAC Gallery, Londra, Gran Bretagna.

1994 **Double Dutch**, Centre 181 Gallery, Londra, Gran Bretagna.

1989 Byam Shaw Gallery, Londra, Gran Bretagna.
Bedford Hill Gallery, Londra, Gran Bretagna.

MOSTRE COLLETTIVE / GROUP SHOWS

2001 **Authentic/Ex-centric: Conceptualism in Contemporary African Art**, 49ª Biennale di Venezia, Fondazione Levi, Venezia, Italia; a cura di Olu Oguibe e Salah Hassan; (catalogo).
The Short Century, Museo Villa Stuck, Monaco, Germania; a cura di Okwui Enwezor.
Art through the Eye of the Needle, Henie Onstad Kunstsenter, Oslo, Norvegia.
Exchange, Serpentine Gallery e Victoria & Albert Museum, Londra; a cura di Lisa Corrin.
Vantage Point, Irish Museum of Modern Art, Dublino, Irlanda; a cura di Brenda McParland.

2000 **Age of Influence: Reflections in the Mirror of American Culture**, Museum of Contemporary Art, Chicago, Stati Uniti; a cura di Elizabeth Smith e Francesco Bonami.
Partage d'Exotisme, 5ª Biennale di Lione, Francia; a cura di Jean-Hubert Martin.
Other Modernities, Camberwell College of Arts, Londra, Gran Bretagna.
Laboratory. Continental Shift, Bonnefantenmuseum, Maastricht, Olanda.
Intelligence: New British Art 2000, Tate Britain, Londra, Gran Bretagna; a cura di Virginia Button e Charles Esche; (catalogo).

South Meets West, Accra, Ghana e la Kunsthalle, Berna, Svizzera.

1999 **From where - to here, Art from London**, Konsthallen, Göteborg, Svezia.
Kunstwelten im Dialog, Museo Ludwig, Colonia, Germania.
Missing Link, Museum of Arts, Berna, Svizzera.
Heaven, Kunsthalle, Düsseldorf, Germania; poi Tate Gallery Liverpool, Gran Bretagna; a cura di Dorit Le Vitte Harten; (catalogo).
Mirror's Edge, BildMuseet, Umeå, Svezia; poi in tour alla Vancouver Art Gallery, Canada; Castello di Rivoli, Torino, Italia; Tramway, Glasgow, Gran Bretagna; Charlottenborg, Copenhagen, Danimarca fino a settembre 2001; a cura di Okwui Enwezor; (catalogo).
Citibank Private Bank Photography Prize, Photographers' Gallery, Londra, Gran Bretagna; (catalogo).
In the Midst of Things, Bournville Village, Birmingham, Gran Bretagna.
Secret Victorians: contemporary artists and a 19th century vision, Arts Council Touring Exhibition, Ikon Gallery, Birmingham; Firstsite, Colchester; Arnolfini, Bristol; Middlesborough Art Gallery; Museum and Art Gallery, Brighton, Gran Bretagna; Armand Hammer Museum, Los Angeles; Fabric Workshop, Philadelphia, Stati Uniti (2001); a cura di Melissa E. Feldman e Ingrid Schaffner; (catalogo).

1998 **Cinco Continentes y una Ciudad**, Museo de la Ciudad de México, Città del Messico, Messico.
Personal Effects: Sculpture & Belongings, Spacex Gallery, Exeter, Gran Bretagna; poi in tour all'Angel Row Gallery, Nottingham, Gran Bretagna; (catalogo).
Ethno-antics, Nordic Museum, Stoccolma, Svezia.
Crossings, National Gallery of Canada, Ottawa, Canada; a cura di Diana Nemiroff; (catalogo).
Liberating Tradition, Bard Center for Curatorial Studies, New York, Stati Uniti.
Transatlantico, Centro Atlantico de Arte Moderno, Las Palmas de Gran Canaria, Isole Canarie, Spagna; a cura di Octavio Zaya; (catalogo).
Beyond Mere Likeness: Portraits from Africa and the African Diaspora, Duke University Museum of Art, Durham, North Carolina, Stati Uniti.

Global Vision: New Art from the 90's, Deste Foundation, Atene, Grecia.

1997 **Sensation: Young British Art from the Saatchi Collection**, Royal Academy of Arts, Londra, Gran Bretagna; in tour alla Galleria Nazionale di Berlino, Germania; al Brooklyn Museum of Art, New York, Stati Uniti; a cura di Norman Rosenthal; (catalogo).
Portable Personal Histories Museum, Ikon Gallery, Birmingham, Gran Bretagna.
Trade Routes: History and Geography, 2ª Biennale di Johannesburg, Sud Africa; a cura di Okwui Enwezor e Octavio Zaya; (catalogo).
Transforming the Crown: African, Asian and Caribbean Artists in Britain, 1966-1996, Franklin H. Williams Caribbean Cultural Center/African Diaspora Institute, New York; Studio Museum, Harlem; the Bronx Museum of the Arts, New York, Stati Uniti; a cura di Mora J. Beauchamp-Byrd; (catalogo).
Pictura Britannica - Art from Britain, Museum of Contemporary Art, Sidney, Australia; In tour alla Art Gallery of South Australia, Adelaide, Australia, 1998 e alla City Gallery, Wellington, New Zeland, 1998; a cura di Bernice Murphy; (catalogo).
What, Trinity Buoy Wharf, Londra, Gran Bretagna; a cura di Mark Gisbourne; (catalogo).

1996 **Pledge Allegiance to A Flag?**, Printworks Trust, Londra, Gran Bretagna; a cura di Stewart Russel; (catalogo).
Imagined Communities, National Touring Exhibition (organizzata dalla Hayward Gallery, Londra, Gran Bretagna); poi in tour all'Oldham Art Gallery; John Hansard Gallery, University of Southampton; Colchester Minories; Royal Festival Hall, Londra e Glasgow Gallery of Modern Art, Glasgow, Gran Bretagna; (catalogo).
Discreet Charm, Visionfest, Croxteth Hall, Liverpool, Gran Bretagna.
Inklusion:Exclusion, Steirischer Herbst, Graz, Austria; (catalogo).
Jurassic Technology, 10ª Biennale di Sidney, Australia; (catalogo).
Painting, Stephen Friedman Gallery, Londra, Gran Bretagna.
Out of Order, IAS, Londra e Cornerhouse, Manchester, Gran Bretagna; a cura di Stewart Morgan; (catalogo).

1995 **The Art of African Textiles: Technology, Tradition and Lurex**, Barbican Centre, Londra, Gran Bretagna; a cura di John Picton; (catalogo).
Seeing and Believing, The Economist Building, Londra, Gran Bretagna.
Original, Gas Works, Londra, Gran Bretagna.

1994 **2 out of 4 dimensions**, Centre 181 Gallery, Londra, Gran Bretagna.
Where are they now...?, Byam Shaw Gallery, Londra, Gran Bretagna.
Seen/unseen, Bluecoat Gallery, Liverpool, Gran Bretagna; (catalogo).
Tenq, Senegal, Africa.

1993 Space Studio Open Exhibition, Londra, Gran Bretagna.

1992 Barclays Young Artists Award, Serpentine Gallery, Londra, Gran Bretagna; (catalogo).

1991 **Interrogating Identity**, Grey Art Gallery, New York; Museum of Fine Arts, Boston; Walker Arts Centre, Minneapolis; Madison Art Centre, Wisconsin; Memorial Art Museum, Ohio, Stati Uniti.
Goldsmiths College, Londra, Gran Bretagna.

1989 **Black Art New Directions**, Stoke-on-Trent City Museum and Art Gallery, Stoke-on-Trent, Gran Bretagna.
Byam Shaw Final Year Show, Londra, Gran Bretagna.

1988 Byam Shaw Concourse Gallery, Londra, Gran Bretagna.

ARTICOLI E RECENSIONI / ARTICLES AND REVIEWS

2001 Medb Ruane, in "The Sunday Times", 25 marzo.

2000 Rachel Cambell-Johnston, in "The Times", 21 giugno.
Sue Hubbard, in "The Independent on Sunday", 2 luglio.
Sarah Kent, in "Time Out", 5-12 luglio.
Helen Sumpter, in "The Big Issue", 10 luglio.
Simon Grant, in "The Evening Standard", 18 agosto.
Dan Cameron, in "Nka–Journal of Contemporary African Art", n. 11-12, autunno-inverno.

1999 Neal Brown, *Alien Obsessives: Mum, Dad & the Kids*, in "Frieze", gennaio.
Rachel Halliburton, *Why, Mr. Darcy. You're black*, in "The Independent", 1° febbraio.
Terry Grimley, in "Birmingham Post", 16 febbraio.
John Russell Taylor, *The big show: Yinka Shonibare*, in "The Times Metro", 20-26 febbraio.
Finola Lynch, *A smiling global outlook*, in "Birmingham Post", 13 marzo.
Niru Ratnam, in "Art Monthly", aprile.
Holland Cotter, in "The New York Times", 16 maggio.
Dan Cameron, *Camera Chameleon*, in "Art News", maggio.
Howard Halle, *Just dandy*, in "Time Out", maggio.
Olu Oguibe, *Finding a place: Nigerian artists in the contemporary art world*, in "Art Journal", estate.
Laura U. Marks, *Crossings*, in "Fuse Magazine", inverno.
Petra Halkes, *Serious Play*, in "Border Crossings", vol. 17, n. 14.

1998 "Black Film Bulletin", vol. 6, Issue 2-3, estate-autunno.
"Time Out", 30 settembre - 7 ottobre.
"Revue Noire", n. 30, settembre-novembre.
"Space, The Guardian", 2 ottobre.
Adrian Searle, *B is for Brit Art*, in "The Guardian", 6 ottobre.
"Attitude", ottobre.
Richard Cork, *Reasons to be cheerful are 30,000*, in "The Times", ottobre.
Nancy Hines, *A Fops Progress*, in "Untitled", n. 17, ottobre.
Paul O'Kane, in "Pride Magazine", ottobre.
John Tozer, *Personal Effects*, in "Art Monthly", ottobre.

Yinka Shonibare in der U-Bahn, in "Das Kunst Bulletin", n. 10, ottobre.

Denrele Ogunwa, *Yinka Shonibare*, in "Untold Magazine", ottobre-novembre.

Christine Atha, *Alien Obsessives: Mum, Dad & the Kids/ Diary of a Victorian Dandy*, in "AN Magazine", novembre.

Elizabeth Janus, in "Artforum International", novembre.

1997 Sacha Craddock, *Around the Galleries*, in "The Times", 14 gennaio.

Mark Currah, in "Time Out", 22-29 gennaio.

David Burrows, *Ade Adekeola, Yinka Shonibare, Mark Wallinger*, in "Art Monthly", n. 203, febbraio.

Judith E. Stein, *Pacific Basin Futures*, in "Art in America", giugno.

Sarah Kent, *Yinka Shonibare*, in "Time Out", 8-15 ottobre.

Holland Cotter, *The Realm of Newcomers, This is Art of 90's England*, in "The New York Times Weekend", 24 ottobre.

Deborah S. Creighton, *Union Hi-jacked*, in "Eastside Resident", 29 ottobre - 4 novembre.

Okwui Enwezor, *The joke is on you*, in "Flash Art International", novembre-dicembre.

1996 Okwui Enwezor, *Occupied Territories: Power, Access and African Art*, in "Frieze", gennaio-febbraio.

Sue Hubbard, *Alexis Hardind and Yinka Shonibare*, in "Time Out", maggio.

1995 James Hall, in "The Guide" (The Guardian), aprile.

Martin Coomer, in "Time Out", 26 aprile - 3 maggio.

Tania Guha, *Yinka Shonibare*, in "Third Text", estate.

Kobena Mercer, *Art that is ethnic in inverted commas*, in "Frieze", novembre-dicembre.

1994 Millie Hill, in "Disability Arts Magazine", ottobre.

1993 Elsbeth Court, in "African Arts", gennaio.

1992 Sarah Kent, in "Time Out", 6-13 febbraio.

Andrew Graham-Dixon, *Generation Gaps*, in "The Independent", 11 febbraio.

2001 O. Enwezor, *Tricking the Mind: the work of Yinka Shonibare*, in *Authentic/Excentric - Conceptualism in African Art*, catalogo della mostra a cura di Olu Oguibe e Salah Hassan alla Fondazione Levi, Venezia, Italia.

Yinka Shonibare, catalogo della mostra a cura di Marjery King all'Andy Warhol Museum, Pittsburgh, Stati Uniti.

Yinka Shonibare, catalogo della mostra a cura di Clive Kellner al Camouflage. Art. Culture. Politics - Centre of Contemporary Art of Southern Africa, Johannesburg, Sud Africa.

2000 O. A. Bamgboyé, *What is Print?*, in *Writings on Technology and Culture*, Witte de With Center For Contemporary Art, Rotterdam, Olanda.

1999 *Dressing Down*, catalogo della mostra a cura di Alessandro Vincentelli alla Ikon Gallery, Birmingham, Gran Bretagna.

1998 O. Enwezor, *Yinka Shonibare*, in *Cream - Contemporary Art and Culture*, Londra, Gran Bretagna.

1997 *Present Tense*, catalogo della mostra a cura di Jessica Bradley alla Art Gallery of Ontario, Toronto, Canada.

PREMI E RESIDENZE / PRIZES AND RESIDENCIES

2001 Residency Fabric Workshop, Filadelfia, Stati Uniti.

2000 Residency MCA DePaul University, Chicago, Stati Uniti.

1999 Finalista al "Citibank Private Bank Photography Prize", Londra, Gran Bretagna.

1998 Paul Hamlyn Foundation Award for Visual Artists, Londra, Gran Bretagna.
Royal Society of Arts, Art for Architecture Award, Londra, Gran Bretagana.

1992 Barclays Young Artists Award, Serpentine Gallery, Londra, Gran Bretagna.
London Arts Board Artist's Grant, Londra, Gran Bretagna.

Note biografiche degli autori / Contributors

BENEDETTA BINI è docente di letteratura inglese all'Università della Tuscia (Viterbo). Si è occupata a lungo della *fin-de-siècle* inglese, e ha scritto su Oscar Wilde, Arthur Symons, Walter Pater, Henry James. Il suo libro *L'incanto della distanza* è dedicato ai ritratti immaginari nel decadentismo. È stata per quattro anni direttore dell'Istituto Italiano di Cultura di Londra e collabora alle pagine culturali del "Sole 24 ore".

VALENTINA BRUSCHI è assistente curatrice al Gallery Programme di The British School at Rome e collabora alle pagine culturali de "Il Messaggero". È co-autrice, insieme a Cristiana Perrella, della pubblicazione *Malick Sidibé e Seydou Keita. Fotografi a Bamako.*

ELENA DI MAJO è direttrice del Museo Hendrik C. Andersen e curatrice delle collezioni del XIX secolo presso la Galleria Nazionale d'Arte Moderna di Roma. Si è occupata, in particolare, di artisti di primo e secondo Ottocento, come Bertel Thorvaldsen, Gioacchino Toma, Antonio Mancini. Da qualche anno si dedica allo studio dei materiali d'archivio relativi all'artista norvegese americano Hendrik C. Andersen.

OLU OGUIBE è *senior fellow* del Vera List Center for Arts and Politics di New York e autore di *Uzo Egonu: An African Artist in the West* e *The Culture Game*, di prossima pubblicazione presso la University of Minnesota Press. Oguibe è artista, storico dell'arte e curatore indipendente di arte contemporanea.

CRISTIANA PERRELLA è la curatrice del Gallery Programme di The British School at Rome. Critica d'arte, collabora con "Il Manifesto" e con riviste specializzate. Ha pubblicato diversi libri fra cui, *Nuova Arte Italiana; Esperienza visiva ed estetica della generazione anni Novanta*. Nel 2001 è stata commissario per i linguaggi multimediali della I Biennale di Valencia.

BENEDETTA BINI is a professor of English Literature at the University of Tuscia (Viterbo). She has researched extensively on English *fin de siècle* and she has published essays on Oscar Wilde, Arthur Symons, Walter Pater and Henry James. Her publication, *L'incanto della distanza*, is dedicated to imaginary portraits of decadentism. She has been director of the Italian Institute of Culture in London for four years and she is a regular contributor to the newspaper *Il Sole 24 Ore*.

VALENTINA BRUSCHI is assistant curator for the Gallery Programme of The British School at Rome. She is a regular contributor to the newspaper *Il Messaggero* and is co-editor, with Cristiana Perrella of the publication *Malick Sidibé e Seydou Keita. Fotografi a Bamako.*

ELENA DI MAJO is the director of the Hendrik C. Andersen Museum and curator of the XIXth century collection of the National Gallery of Modern Art, Rome. She has researched extensively on eighteenth century artists like, Bertel Thorvaldsen, Gioacchino Toma, Antonio Mancini, and in the last few years she has concentrated her studies on the archive materials related to American- Norwegian artist Hendrik C. Andersen.

OLU OGUIBE is a senior fellow of the Vera List Center for Arts and Politics in New York, and author of *Uzo Egonu: An African Artist in the West* and *The Culture Game*, forthcoming from the University of Minnesota Press. Oguibe is an artist, art historian, and independent curator of contemporary art.

CRISTIANA PERRELLA is Gallery Curator at The British School at Rome. She is an art critic and collaborates with the newspaper *Il Manifesto* and Italian contemporary art magazines. She has published several books, including *Nuova Arte Italiana; Esperienza visiva ed estetica della generazione anni Novanta*. In 2001 she has been one of the curators of the 1st Valencia Biennial.

Ministero per i Beni e le Attività Culturali
Direzione Generale per l'Architettura e l'Arte Contemporanee

Centro Nazionale per le Arti Contemporanee • The British School at Rome

DISTRIBUZIONE E STAMPA
Umberto Allemandi & C., Torino ~ Londra ~ Venezia